鏡リュウジの占い入門
4

鏡リュウジの

ルネーション占星術

Lunation

RYUJI KAGAMI
鏡リュウジ

はじめに

月というのは、なぜこんなにも魅力的なのでしょう。

仕事が終わって夜遅く帰る時に、ふと見上げた空に大きな月がかかっていると、不思議に癒されるような気もします。

一方で、大きい真っ赤な月が地平線すぐ上にかかっていたりすると、理由もなく不気味な感じがしてしまうのも確か。

月は僕たちの心の深いところをよくも悪くも揺さぶる存在でもあるのです。

夜道を月明かりの代わりにまばゆい街頭やネオンが照らすようになってから、しばらくの間、人々は月を忘れがちになっていたように思います。しかし、このところ再び、月に対しての関心が高くなっているようにも思えます。

例えば今ではダイアリーなどには月の満ち欠けが必ずといっていいほど掲載されるようになりました。あるいは、月に関しての書物もたくさん刊行されています。

本書でも幾度となく出てくることだと思いますが、月は昼間の合理的な意識とは別の、夜の意識、夜の論理、情緒的で簡単には割り切れないような気持ちの動きを司るとされています。合理的で、無駄のない生き方だけをひたすらに求めるスタイルで突き進んできた僕たちは、このあたりでもう一度、たおやかな月の意識を再評価しようとしているのではないでしょうか。

本書では、現代占星術で重要な技法になっている「ルネーション」を軸に据えています。出生時の月の位相（形）をもとに、その人のパーソナリティーや人生上の出来事を診断していくというテクニックは、フランス出身のアメリカ人占星術家ディーン・ルディアが１９４４～5年に『ルネーション・バースディ』として発表し、のちに『ルネーション・サイクル』という形で１９６７年に再販されて世界中のアストロロジャーが用いるようになりました。

月の相は、月だけではなく、太陽、地球、月の三つの天体の相互関係によって生み出されています。人間にとって、とても大きなこの三つの天体の関係を一つの形で示すことができるのが、月の相でありルネーションなのです。

一見シンプルですが、その象徴がいかに重要であるかということは、そのことによってもわかるでしょう。

本書には他にも、月にまつわる神話や月の遠地点であるリリス、日食や月食を起こすドラゴンヘッドとテイルなど、月に関する様々な象徴論を収めてあります。これ１冊で、初心者から占星術学習者まで、月から受け取れるメッセージの幅がぐんと広がるはずです。

では、月の豊かな世界に分け入っていきましょう。

鏡リュウジ

鏡リュウジの入門4

鏡リュウジのルネーション占星術

目次

3 月と運命……87

4 月と生活……125

【巻末付録】月と占星術……151

1 月と人間

我が心をかくも強く突き動かす月よ、
汝には何があるのか

ジョン・キーツ
詩人・19世紀

古代の人々も、13回の満ちる月を見ていた

人が月の神秘を感じ始めたのはいつの頃でしょう。

ギリシャ神話に登場する、月の女神が現れた頃でしょうか。いや、月の神の存在はもっと古いものです。エジプトには月の冠を被った大いなる女神イシスが存在します。また神々の書記であり文字を発明したという朱鷺（とき）の頭を持つトートも、一方では月の神だったといいます。あるいは、バビロニアには月の満ち欠けを記録したものがあり、そこには月の神の存在が記されています。

古代文明においてはどこでも月の女神や神が崇められていたといっても過言ではありません。しかし、僕は思うのです。人が文字を発明し、ピラミッドやジッグラト（古代バビロニアで祭壇兼、天文台の役割を果たしていた建物）を造るはるか以前から、人間は月の神秘を感じ取っていたのではないか、と。

考古学者は何と言うかわかりません。何しろ文字が発明されるよりも以前の人々の精神世界を思い描くのは、科学というよりも小説の領分と言えるかもしれませんね。

しかし、それでも、人が現生人類としてこの大地を歩き始めた時に、月はただの天の明かりではなく、大きな神秘として立ち現れていたということを、僕は疑うことができないのです。

間接的ですが、証拠はあります。例えば「石器時代のヴィーナス」と呼ばれる、およそ2万年前のレリーフを見てみましょう。ローセルはフランス南西部の遺跡で、そこにある洞窟の入り口には、乳房と腰が異様なまでに強調された女性の像が彫り込まれています。これは、間違いなく妊婦の姿でしょう。新しい生命を生み出す女性の聖なる営みを、はるか古代の人が、畏怖の念を込めて描き込んでいるのです。もちろん、洞窟は深層心理学的に考えてみても、子宮や産道の象徴です。

そして、この女性はバイソンの角を切り取って作った杯を手にしているのですが、それは三日月の形をしています。

妊婦の、日に日に大きくなる腹と、日増しにその形を大きくしていく月。この二つが重ね合わせて考えられたのではないでしょうか。実際、今でも多くの「未開」社会の神話では、月がふくらみ、また欠けていくのは、妊娠と出産のためだとするものが見られるのです。もちろん、月の周期と合致しながら起こる女性の生理の存在も、月と女性を結びつける契機になっていたはずです。

さらに、強力な証拠があります。より細かく、この女性が手にした杯を見てみると、杯には細い線が刻み込まれています。その線を数えてみると、13本あることに気づきます。13という数は、何を意味するのでしょう。

「13」が不吉なものになったのはキリスト教以後のことで、古代の人にとって13は聖なる数字でした。1年の間に月が満ち欠けする回数が13だったからです。

13の刻み目がつけられた、三日月型の杯。これは、月のシンボルだったと僕は思います。古代の人は、新しい生命を生み出す女性の神秘と、月の偉大な力をつなぎ合わせて考えたのです。そして、ここから初めて天界と地上につながりが生まれました。

神話的な思考、原初的な占星術、そして、生命を理解するための最初の科学。こうしたものは、すべて、月を考えることから登場してきたといっても過言ではないのです。そして、人は月の満ち欠けを数え始め、暦を作り、その暦に合わせて、狩猟や農耕を始めました。月は、人類に豊穣を約束する偉大な女神であり、大いなる母として考えられるようになりました。

人類の歴史の最初の最初から、月明かりは僕たちを照らし続けていたのです。

地上の命の輪廻を映し出す「月」

満ちては欠け、欠けては満ちる月。そのサイクルは、古代の人々にどんなふうに映ったことでしょうか。そこには、自然界すべての、生まれ、成長・成熟し、そこから衰退が始まり、ついには再びすべてが闇に戻っていくプロセスが集約されているように感じられます。小さな動物の生命サイクルそのものかもしれないし、また、季節ごとに変わっていく植物の成長もそこに見られるだろうし、1年の四季の変化、人の一生、もっと長いスパンで見れば、ある部族やある共同体の誕生と衰退を、そこに投影することすらできたはずです。

もちろん、満ちていく月に象徴されるような成長と発展のプロセスは、古代の人にはとても重要でした。現代の僕たちはスーパーに行けば、いくらでも豊富な食材を手に入れることができますが、こんな時代が実現したのは奇跡のようなこと。人類史のほとんどの期間においては、人は「食べること」を至上の目的として活動し、働いてきたのです。

そこでは、一粒の種子が万の種子を生み出すように、海や森からたくさんの獲物が取れるように、人は祈っていたはずです。そして満ちていく月に人々は祈りを捧げていたに違いありません。あの満ちていく月のごとく、この地に豊穣をもたらしたまえ、と。

しかし、その一方で想像するだに、人々は欠けていく月も同様に大切にしていたのだと思います。自然の中では死も衰退も欠かせないものだからです。死なない動物や消えいかないものが存在すれば、地上は瞬く間にあふれかえってしまいます。欠けていく月の女神を信奉していた古代人の存在は、かつての人々が衰退や物事の終わりにも重要な意味を認めていたことを示しています。

例えば西洋の文化では、しばしば月は三つの顔を持つ女神として描かれます。ギリシャの神々の母は三相一体の女神で、処女ヘベ（Hebe）、母親ヘラ（Hera）、老婆ヘカテ（Hekate）からなっていました。

さらに現代では新月から満月に向けての、若々しい処女、あるいは娘としての女神。

そして、はちきれんばかりにふくらんだ満月の母なる女神。そして、欠けていく月としての老賢女の女神としても崇拝されています。特に女神・ヘカテはトリフォルミス（三相）とも呼ばれ、三つの顔（月の三相を象徴する）を持つ者として表されました。ヘカテは魔術の女神、地母神とされ、すべての魔女を束ねる力を持ちます。ヨーロッパの三叉路には三面の顔を持つ像が置かれていることがありますが、あれがヘカテです。

時として欠けていく月は、「魔女の月」として恐れられることもありましたが、しかし、いずれにしてもその破壊性でさえも、自然の力の表れとして尊重されていたのです。

現代人が月に魅了される理由

21世紀を迎えた頃から、月のひそかなブームが始まりました。

月の写真集がヒットしたり、月の満ち欠けを記したカレンダーが売れたり。旧暦ブームも背後には月の存在があります。月の満ち欠けに合わせて瞑想をしたりヨガをしたり。新月の日に願いをかけると叶うというおまじないが流行り、「今日は〇〇座の新月」なんてことがSNS上で頻繁にアナウンスされるようになりました。

「月を意識する」ということが、ごく当たり前のことのように感じられるようになった現代。その理由は、様々なことが考えられると思いますが、月が象徴するもの一般の価値が重視されるようになってきた、ということがあるでしょう。

象徴的に考えると、太陽と月は人間の意識の「二つのモード」を代表するものです。

太陽は意識、合理性、目的に向かって邁進するような力です。明るい太陽の光はすべてを照らし、明晰にし、はっきりとイエスかノーかを決めていく力を持ちます。伝統的には、太陽は男性原理と結びつけられてきました。

その一方で、月の原理が象徴するものは、女性に当てられてきました、自然性や本能や受動性といったものです。シャープな意識ではなく、あえて曖昧なままに物事をとらえていく、直感的な意識のありようです。

太陽と月は、精神・魂と肉体、金と銀、王と王妃、意識と無意識、男性と女性、能動と受動など、対となるものをそれぞれ象徴するとされます。また古代中国の陰陽にもたとえられます。

（これは伝統的なシンボリズムの中でそうだったということを述べているだけで、男性が必ずしも太陽原理を、女性が月の原理を生きるということではありません。このことは強く意識しておかないと、性差別を無意識的に助長することになります）

ちなみにキリスト教では磔刑の場所に描かれる太陽と月は、キリストにおける神性と人間性の二重性を表します。太陽は大天使ミカエルの住まいであり、月には大天使ガブリエルが住むといいます。天使に性別はないのですが、ガブリエルは大天使の中で唯一の「女性」ではないかとされています。宗教画でミカエルなど他の大天使が、時には猛々しい男性として描かれるのに対し、女性の姿で表されているガブリエルが月を司る天使とされているのも興味深いところでしょう。

太陽の光にかき消されてしまう「もう一つの声」

太陽と月が象徴するような、二つの意識のモードは、本当は両方ともが大事なものです。けれども、近代社会が登場してきた時に、一方的に太陽の側ばかりが強調されて優先されてきたという経緯があります。

例えば、あなたが仕事を進めようとする時に、会議ではどんな言葉が要求されるでしょう。それは目的をはっきりさせて、効率をよくし、誰にもわかるような明晰な形で自分のプランを述べることではないでしょうか。

そこでは「何となくこう思うんですけれど」だとか「直感では……」などといった言葉では評価が低くなるに違いありません。

何も会議に限ったことではなく、すべての場においてこのような態度が要求されるのです。そのおかげでこれだけたくさんの建造物が短い期間に建ち、物流が活発に、そして円滑に進み、人々の生活が便利になっていったのです。

しかし、その反面、人間の感性の部分はどうでしょう。直線的な物事の思考だけではとらえにくい、様々な面があるということが誰の目にも明らかになってきて、それが再評価されてきているのが、現状ではないでしょうか。また、必ずしも何かを達成するということではなく、ただ、そこに存在するだけ、そこにそっと「ある」ということ自体にも価値があるということが見えてきたのです。

月は毎日、姿を変えます。形も、色も、その大きさも。月の軌道は確かに計算可能だけれど、それがどんな色に見えるのか、どんなふうに僕たちの心に映るのかは、なまじな計算や合理によってつかみ取ることはできません。そうした複雑で、曖昧なものは、できれば排除しておきましょう、見ないようにしましょう、というのが、ひたすら成長を目指してきたこれまでの時代でした。

けれども、そこでついつい見逃されてきた何かがある、ということに人は気がつき始めました。強すぎる太陽の光の下ではかき消されてしまう、かそけき感情や情緒や人々の思いがあるということに。歴史を作り上げるのは、一握りの太陽的な英雄ばかりではなく、名もなき大衆（これは占星術的に月の象徴です）であり、子どもたちや動物たちも含めた自然であり、一見、弱々しく見える普通の人々でもある、ということに。

輝く月は、そんなことを語りかけているように思えてならないのです。

月を見上げ、月について思いを馳せる時、きっとあなたもその「もう一つの声」にふれることができるでしょう。

Column【コラム】

月にまつわる女神（神）たち

地球にとって一番身近な天体である月。古代、月は女神（神）でした。人間の生殖や自然のサイクルとつながる、何か不思議な力の象徴であったわけです。アポロ計画のロケット探査により、単なる岩の塊であるということがわかってしまった現在、果たして月は女神（神）であることをやめてしまったのでしょうか？ ここでは世界各国で崇められていた月の女神（神）のいくつかをご紹介しましょう。

■アルテミス・Artemis（ギリシャ）／ダイアナ・Diana（ローマ）

狩猟をして山を駆け回る女神アルテミス（ダイアナ）。貞節の処女神とされていますが、もっと古い時代は豊穣の女神でした。古代都市・エフェソスではアルテミス信仰が盛んで、たくさんの乳房をつけた像が作られるなど、母なる女神としての側面を持っていました。

■イシス・Isis（エジプト）

母なるものすべてを司る豊穣の神。鳶（とび）の頭や牝牛の頭、あるいは牝牛の角をつけていますが、農業に深い関係のある三日月や穀物の穂を持っていることもあります。イシスは死んだオシリス（冥界の王者）に魔法の力で再び命を与えるという復活神話があり、そこから、ナイルの氾濫による大地の再生を司る地母神としての役割を持ちました。

■セレーネ・Selene（ギリシャ）／ルナ・Luna（ローマ）

三日月の冠をつけた女神で、兄弟であった太陽神ヘリオスと毎日、天空を駆け回っていると言われています。羊飼いの青年エンデュミオンの美しさに惚れ込み、不老不死にしたものの、彼は永遠に眠り続け、目覚めることはなかったとも。毎夜、彼の元に通い続け、50人の子を産んだとされています。

■トート・Thoth（エジプト）

呪文と書記を司る知恵の神。「大いなる貴いヒヒ」と呼ばれ、姿は醜いヒヒ（朱鷺の場合もある）でありながら、知恵と魔法の根源のパワーである月の力を司っていたことから、月が支配する時間をも操ることができました。中世ヨーロッパではヘルメスと結びついて、ヘルメス＝トート神として魔術師たちに人気があったとか。

■ヒナ・Hina（ポリネシア）

ポリネシア地域の女神。月に住んでおり、ポリネシア人の航海の安全を見守っていると言われています。髪の毛を釣糸にして島を釣り上げたり、洗濯物を乾かすために太陽を捕まえて、ゆっくりと運行するように促すなど、自由奔放な行動が特徴。

■ヘカテ・Hekate（ギリシャ）

夜の月の女神がヘカテ。松明《たいまつ》を持ち、犬を連れて夜道を徘徊し、三叉路に現れると言われていました。冥界とのつながりが深く、死者の魂の導き手であり、またあらゆる魔術を司る女神でもあります。

■月読・Tsukuyomi（日本）

『古事記』によると、冥界から帰った伊邪那岐《いざなぎ》が洗った左目（陽）からは太陽を司る天照《あまてらす》、右目（陰）からは月を司る月読が生まれました。月を読む、つまり「暦」を司る神であり、そのため農耕の神であると同時に、占いの神でもあります。

■チャンドラ・Chandra（インド）

毎夜生まれ変わり、海から昇ってくると言われているのが月神・チャンドラ。インドにおける不老不死の酒・アムリタを巡る抗争が起きた際、魔神ラーフがそれを盗み飲もうとしたところを太陽神・スーリヤと共に密告。それを根に持ったラーフは太陽と月を時々飲み込んでしまうため、日食・月食が起きるという神話があります。

2

月とわたし

古代、人々は
魂は月の宮を通じて
この世に降り立つと信じていた。

マルシリオ・フィチーノ
哲学者、占星学者・15世紀

太陽と月、そして地球が生み出す「月の相（ルネーション）」

夜ごと満ち欠けし、姿を変える月。月は世界中のあらゆる神話や占いに登場します。西洋占星術において、月は感情を意味する天体で、毎日の運勢を知るには欠かせません。タロットカードにも「月」は登場し、「幻惑」というシンボリックな意味が与えられています。紀元前のインド発祥で、弘法大師が日本に伝えたと言われる宿曜占星術は、27の宿を月が訪ねていくと考えることから「ルナーマンション（月の宿）」と呼ばれています。なかでもあなたが生まれた時、どんな形の月が夜空に浮かんでいたか、ということで性格や運命を占うのが「ルネーション占星術」です。「ルネーション（Lunation）」とは、月の満ち欠けを意味する言葉です。

ここでまず、月の満ち欠けはどのように生じているのかをご説明しましょう。太陽系の宇宙は、地球をはじめとして様々な天体が太陽を中心軸にして回っています。これを公転と言います。地球なら約３６５日をかけて太陽の周りを1周します。水星なら約88日、土星なら約29年というふうに、それぞれの速度で公転しています。また月は地球の衛星ですから、地球の周りを約27・3日で公転しています。

皆さんご存じの通り、月の満ち欠けは月単体で生じるものではありません。月が白く輝いているように見えるのは、太陽の光を反射しているためです。それを我々は地球で

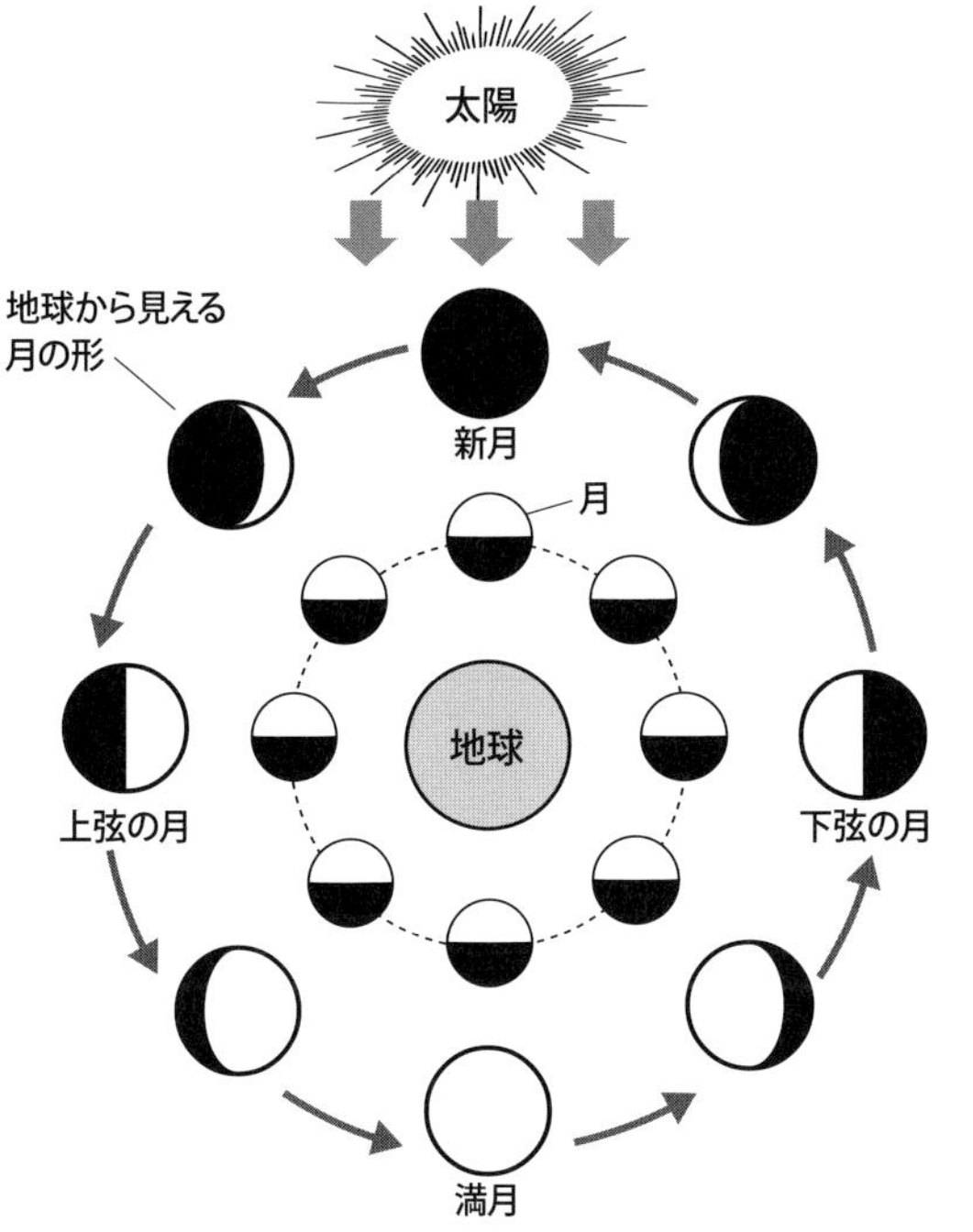

見ているからあの形に見えるのです。つまりルネーション、月の満ち欠けは、月と太陽、そして地球の位置関係で生じるものということです。

まず「新月」というのは、三つの星が【太陽―月―地球】という位置関係になっている時、地球から見た時に月と太陽が重なっている状態です。当然、太陽の光は月にさえぎられて見ることができません。月は輝いていない状態です。

そこから時が進み、半分だけ光が当たった状態が「上弦の月」。

月が進み、【太陽―地球―月】が一直線となった時、「満月」となります。月は全面に太陽の光を集め、強い輝きを放ちます。

そこからさらに進むと、半分は闇に隠れていきます。これが「下弦の月」です。

そして再び月と太陽が重なり、新月となります。この1回の月の満ち欠けのサイクルが、約29・5日になります。

（月の公転周期は約27・3日で、月の満ち欠けのサイクルとは一致しません。公転周期はある一点から、1周して同じ位置まで戻ってくる周期を言います。ここでずれが生じるのは、月が公転している間に地球も公転しているため、再び新月となるためにはもう約2日かかるということになります）

このように月は日々、刻々と動いており、月の相（形）が変わっていきます。

そして本書で取り上げる「ルネーション占星術とは何か」ということを端的に言うならば、あなたが生まれた日に、どんな形の月が昇っていたかによって運命を読み解く占い、と言えるでしょう。

誤解されがちですが、「ルネーション占星術」というのは、それ自体で独立している占いというわけではありません。ハーモニクス占星術、サビアン占星術などと同様、西洋占星術の中の一技法、つまりホロスコープを読む時の道具の一つということになります。

光と影は、意識と無意識の象徴

この日常的に繰り返される、幻想的な天体現象が、古くから多くの人々の心を揺さぶってきた、ということは前述の通りです。

では、出生時の月の相は人々にどういった影響を与えるのでしょうか。

月の位相は、太陽と月の関係性で生じるということはすでにお話ししました。西洋占星術において太陽と月はその人のパーソナリティーに関わる、とても重要な天体です。

月　……無意識、感情や本能、女性性
太陽……意識、目的意識、男性性

ちょっとわかりづらい「意識」と「無意識」の違いについてお話ししておきましょう。太陽が示す意識とは、自分で自分を認識できている心の状態です。「こうしよう」と何らかの目的を持って行動できる、「今、自分はこういう状態にある」と客観視することができる状態です。

それに引き替え無意識というのは、その意識がない状態です。自分で自分を認識できていない状態。わかりやすいのは、眠っている時、気を失っている時などですが、普段でも「無意識に」何かをしていることはあるもの。朝は頭で考えるまでもなく、身支度しているでしょうし、あるいは何かに夢中になっている時や何かに感動している時、お酒を飲んでいる時などは、そうした「意識」が働いていないことが多いものです。「無意識のうちに何かをしていた」ということは誰しも日常的に体験しているものなのです。

人間は毎日、この意識と無意識の切り替えを行っています。朝、太陽が昇ると共に眠りから覚めます。光の領域が大きくなるにつれて「意識」が働くようになり、「個」としての認識が生まれ、様々な活動をします。そして日が落ちて家に帰ると、次第に意識がもうろうとしてきて眠りにつきます。この眠りについている状態が「無意識」です。自分自身を認識することがなく、一切の意図が働きません。

ただし無意識は決して何もない、無の状態ではありません。例えば寝ている時に見る夢。ここには信じられないほどたくさんの情報がつまっています。夢の中で普段は抑圧しているような生々しい感情や本能的な欲望があらわになって、驚いたことがあるのではないでしょうか。また、日中に気づかないうちに取り込んでいた様々な情報の断片、もしくは自分の中にこんなものが存在するなんて、と驚くようなイメージなど、様々なものがその豊かな無意識の海にはつまっているのです。

ユング心理学では、実はこちらの無意識の領域のほうが、人間が意識できる領域よりもはるかに大きく、むしろ生命力の源泉であるというふうに考えています。

人間の1日に、もしも夜がなかったら？　もちろん肉体的に疲れてしまうということもありますが、24時間以上、光の下ですべてを意識し続け、あらゆることがわかりすぎてしまった人間の頭は、きっと爆発してしまうでしょう。だからこそ人間は毎夜、無意識の世界に帰り、すべてを解放し、エネルギーを充電してくる必要があるのです。

またこのプロセスは、人間が生まれてから死んでいくまでのサイクルともよく似ています。人間は生まれてくる前に羊水の中にいます（水は心理学的に無意識の象徴です）。赤ちゃんは意識がなく、眠っているのと同じような状態です。そこから産道を通り、この世の中に生まれ落ちた時に初めて顔に光が当たります。そこから個としての意識が生まれ、成長に伴い自我が芽生え、様々な人生経験をして、死ぬ時にはまた意識を失い、無意識の世界へと旅立っていくのです。

人間の生命は、満ち欠けする月のように……

こうした人間の生命のサイクルを、月の満ち欠けとリンクさせて「ルネーション占星術」として提唱したのが、20世紀アメリカの占星術師ディーン・ルディアです。

新月は占星術的に言えば、太陽と月のコンジャンクション（0度で重なること）です。意識と無意識が同化している状態、そこから満月に向かう間に暗い無意識の世界に少しずつ光が当たり、意識性が出てくることを表しています。

ちょうど上弦の月の頃が太陽と月がスクエア（90度）、何らかの障害に遭うも、それを乗り越えていこうとします。

また月と太陽が向かい合う満月は、占星術的に言えばオポジション（180度）となります。意識と無意識、男性性と女性性、光と影……二つの相反するものが鏡のように映し合う、緊張感のある配置です。互いを最もはっきり自覚することになるため、客観性が芽生えやすいと同時に、葛藤が生まれやすいとも言えます。

そして満月を過ぎると今度は月が欠けていきますから、下弦の月の頃は、再び太陽と月がスクエア（90度）となり、意識や客観性を手放して、また無意識の深い海の中に沈んでいくことになるのです。

こうして月の満ち欠けと人間の内面を組み合わせ、一つの占星術のテクニックとしたのが「ルネーション占星術」です。彼はこの月のサイクルを満ち欠けの状態によって八つのフェイズ（段階）に分けました。

1　生まれたばかりの月……「ニュームーン」（新月）
2　成長の衝動を感じる月…「クレセントムーン」（三日月）
3　戦いを挑む月…………「ファーストクオーター」（上弦の月）
4　完璧を目指す月…………「ギバウスムーン」（十三夜月）
5　すべてが満ちた月………「フルムーン」（満月）
6　自らを分け与える月……「ディセミネイティングムーン」（種蒔きの月）
7　使命感が芽生える月……「サードクオーター」（下弦の月）
8　旅立ちの準備をする月…「バルサミックムーン」（鎮静の月）

意識（太陽）と無意識（月）のバランスは、人生のあらゆる決断や選択に関わってきます。取りやすい行動、抱えやすい悩み、陥りやすいパターン……。そう考えるなら、出生時の月の形が、その人のパーソナリティー（性格）だけでなく、たどる運命にも大きく影響すると考えておかしくないでしょう。

さあ、あなたが生まれた時、月はどの状態にあったでしょうか？

早速、調べてみましょう。

【八つのルネーションタイプ】

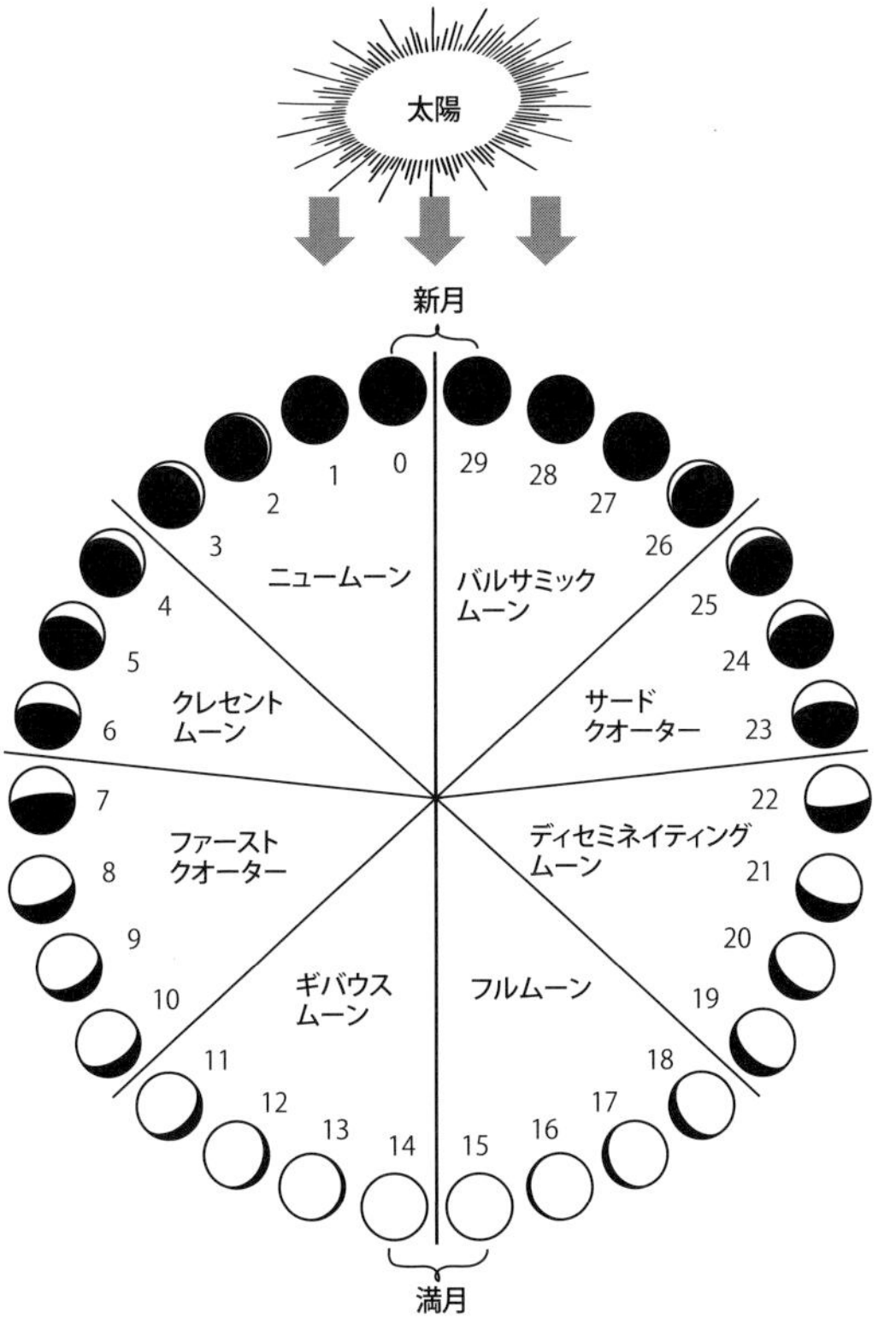

月の満ち欠けのプロセスを、八つの段階に分けると上の図のようになります。だいたい3～4日かけて次のフェイズに移ります。

「ルネーションタイプ」の出し方

出し方

① 184 ページの【新月表】で「生まれた日の直前の新月」の日を探します。

② 29 ページの【月齢サイクル図】の「0」のところに、①で出した「生まれた日の直前の新月」の日付を書き入れます。

③そこから反時計回りに日付を書き込み、自分の誕生日の日付を書いたらストップ。

注)月をまたぐ際は、日付を数え間違えないようにしてください。

1月 …31 日	2月…28 日	3月…31 日
4月…30 日	5月…31 日	6月…30 日
7月 …31 日	8月…31 日	9月…30 日
10月 …31 日	11月…30 日	12月…31 日

うるう年は【新月表】に「☆」がついているので「2/29」を忘れないように！

④自分の誕生日を書き入れた部分に書いてある数字があなたの「ルネーションナンバー」となります。また各ルネーションナンバーは以下の八つの「ルネーションタイプ」に分けられるので、36 ページからの該当するページを読みましょう。

0～3	ニュームーン
4～6	クレセントムーン
7～10	ファーストクオーター
11～14	ギバウスムーン
15～18	フルムーン
19～22	ディセミネイティングムーン
23～25	サードクオーター
26～29	バルサミックムーン

あなたの心の中にある月はどんな形？

ここからは、実際にあなたの「ルネーションタイプ」を割り出していきましょう。これはいわば「あなたがこの世に生を受けた際、空に浮かんでいた月はどんな形をしていたか」ということになります。その月の形を八つのタイプに大別したのが「ルネーションタイプ」です。

そこから太陽が表す「意識」と、月が表す「無意識」が、あなたの中でどのようなバランスを取っているかを見ていきます。これを知ることであなたが葛藤を抱きやすいポイント、人生でパワーを発揮しやすい状況がわかります。

【月齢サイクル図】

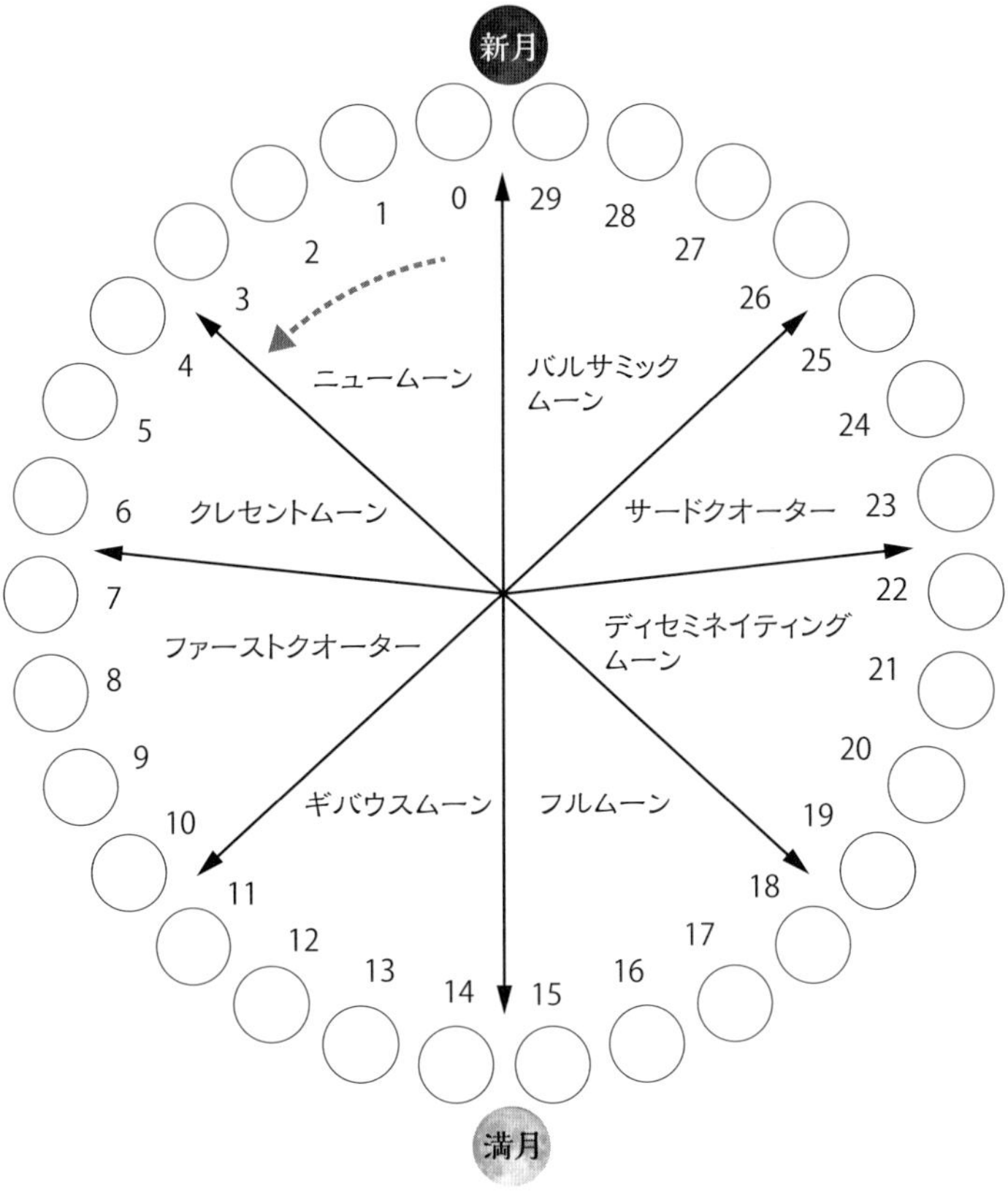

円の内側、0～29までの数字がルネーションナンバーです。これがあなたが生まれた日に空に浮かんでいた月の形（27ページ参照）を表しています。そしてそれを大きく分けて八つのタイプに分類したのがルネーションタイプになります。

わたしのルネーションナンバーは ＿＿＿＿

わたしのルネーションタイプは ＿＿＿＿

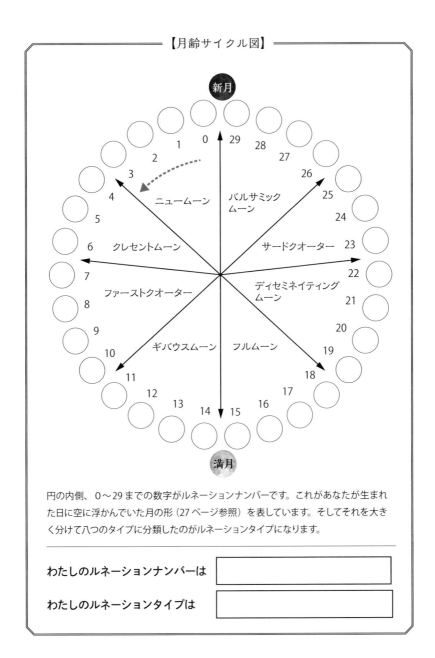

1985 年 6 月 15 日生まれの場合

例 1

1985年
1月21日
2月20日
3月21日
4月20日
5月20日
6月18日
7月18日
8月16日
9月15日

① 【新月表】を見ると「生まれた日の直前の新月」の日は「5 月 20 日」です。

② 【月齢サイクル図】の「0」のところに「5/20」と書き込みます。

③「1」のところに「5/21」、「2」のところに「5/22」……と順に日付を書き込んでいきます。誕生日である「6/15」を書いたところでストップします。

④「6/15」を書き入れた「26」がこの人の「ルネーションナンバー」となり、「ルネーションタイプ」は「バルサミックムーン」となるので、78 ページの「バルサミックムーン」タイプのページを読みます。

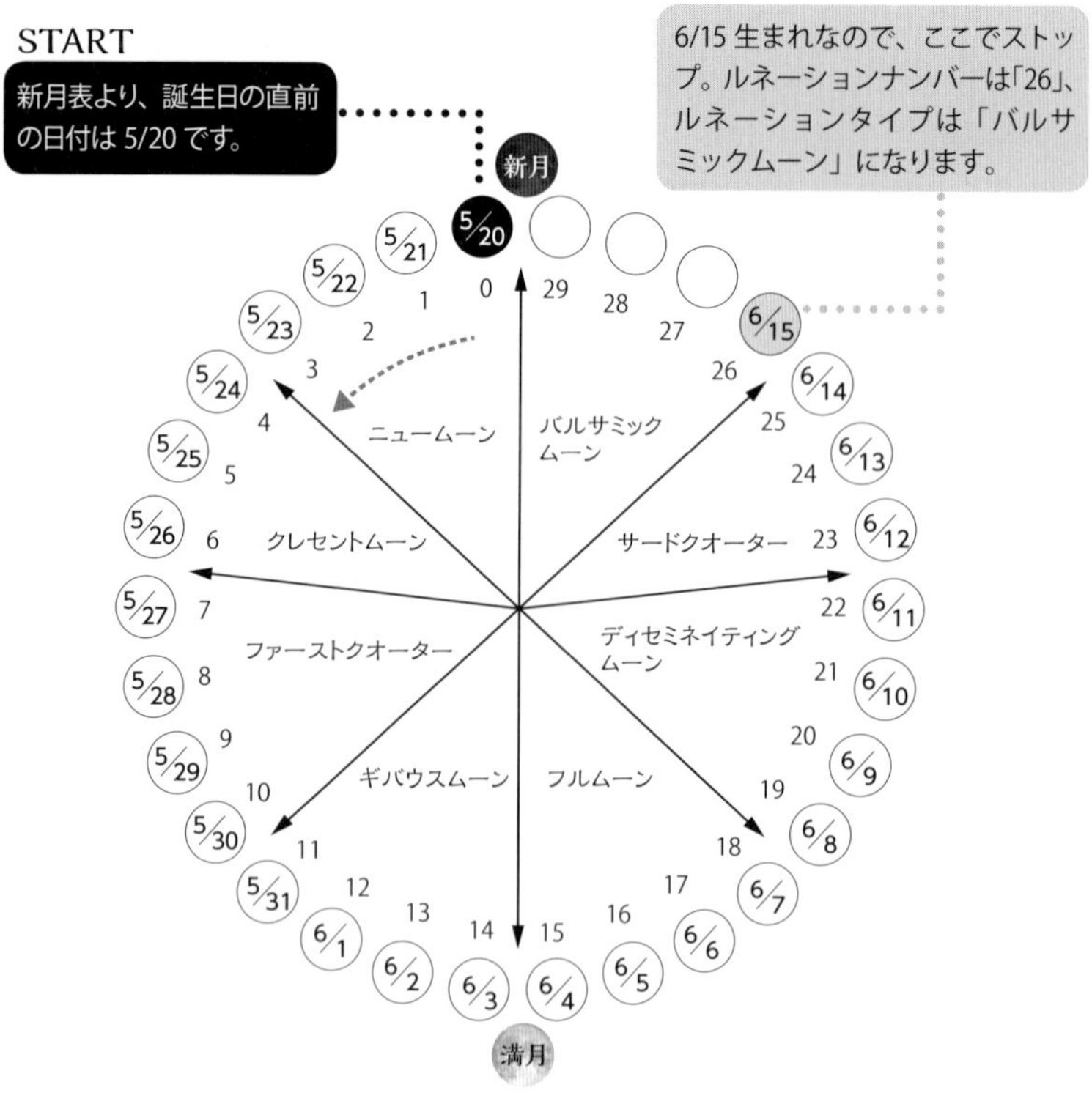

1988年3月5日生まれの場合

例2

1988年★
1月19日
2月18日
3月18日
4月16日
5月16日
6月14日
7月14日
8月12日
9月11日

①【新月表】を見ると「生まれた日の直前の新月」の日は「2月18日」です。また「☆」がついていることから、この年はうるう年であることがわかります。

②【月齢サイクル図】の「0」のところに「2/18」と書き込みます。

③「1」のところに「2/19」、「2」のところに「2/20」……と順に日付を書き込んでいきます。うるう年なので「11」には「2/29」が入ります。誕生日である「3/5」を書いたところでストップします。

④「3/5」を書き入れた「16」がこの人の「ルネーションナンバー」となり、「ルネーションタイプ」は「フルムーン」となるので、60ページの「フルムーン」タイプのページを読みます。

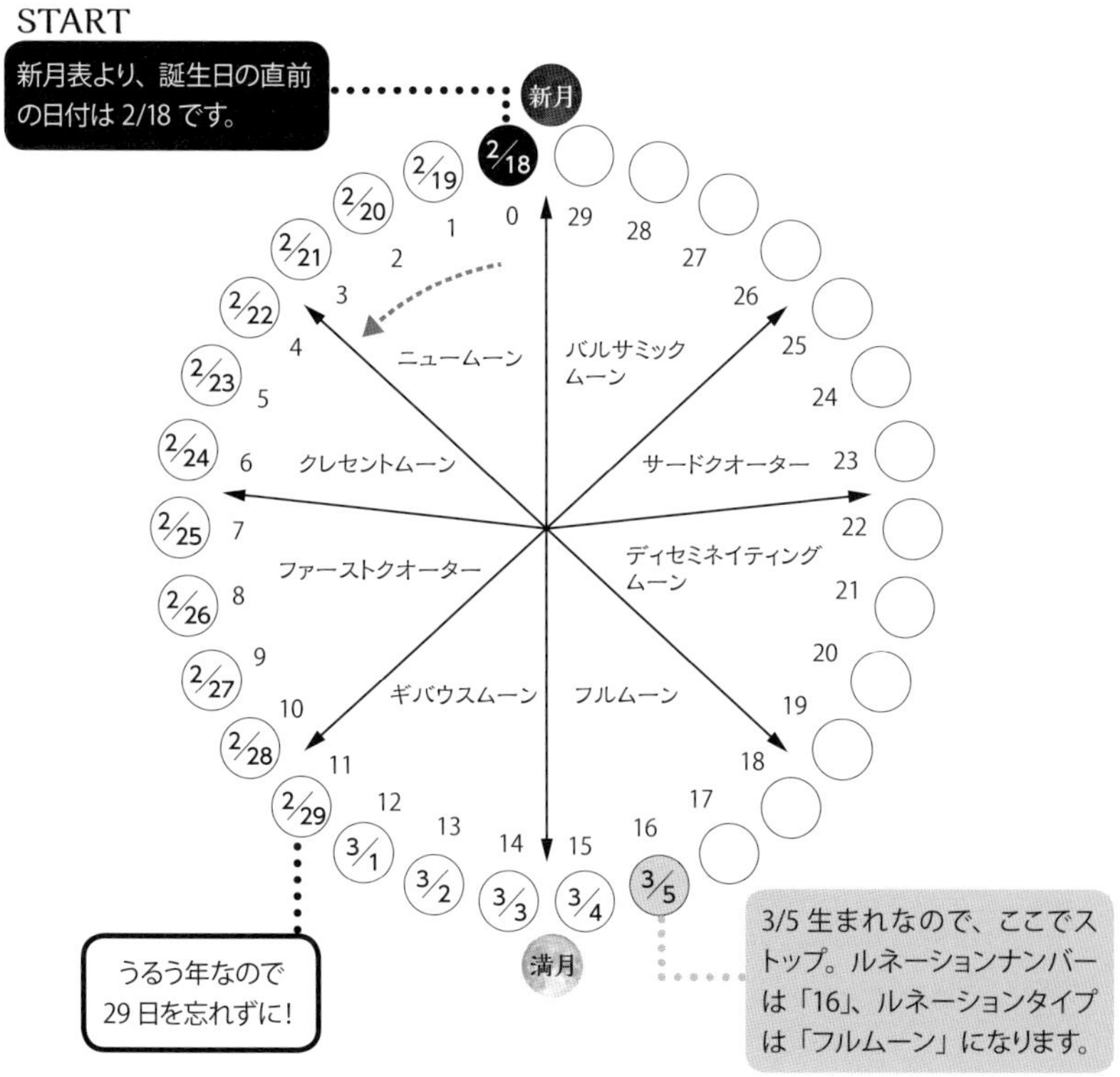

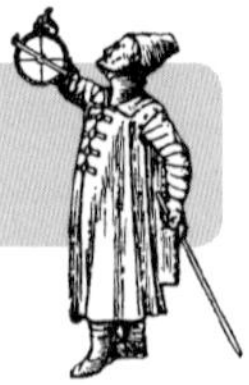

「ルナーシンボル」の出し方

秘めた魅力を明かす、一夜ごとの月の象徴

28ページで割り出した「ルネーションナンバー」は、日々満ち欠けする月の相を表しています。その一夜ごとの月に、僕が象徴的な名前をつけたのが「ルナーシンボル」です。このシンボルは、生まれた月が夜ごと成長していく過程を追ったもの。そのフレーズから広がるイメージが、より細密な「その人自身」を表しています。

あなたが持って生まれた資質をさらに深く読み解くために、このシンボルもチェックしてみましょう。

出し方

左の【ルナーシンボル一覧】で28ページで割り出した「ルネーションナンバー」を調べます。そこに書かれているのが、あなたの「ルナーシンボル」になります。

例1　1985年6月15日生まれの場合

30ページより、「ルネーションナンバー」が「26」なので、「ルナーシンボル」は「ヴェイル」となります。

例2　1988年3月5日生まれの場合

31ページより、「ルネーションナンバー」が「16」なので、「ルナーシンボル」は「リボン」となります。

0	宇宙卵	15	鏡
1	始原の花火	16	リボン
2	ドア	17	華やかなシェフ
3	双葉	18	魔術師
4	戦士見習い	19	音楽の教師
5	望遠鏡	20	泉
6	張り詰めた弓	21	聖堂
7	英雄	22	知恵の蛇
8	ダンサー	23	女王
9	設計者	24	ピラミッド
10	旗手	25	虹
11	キャンプファイアー	26	ヴェイル
12	書記	27	洞窟
13	花	28	魔女
14	鏡	29	宇宙卵

【ルナーシンボル一覧】

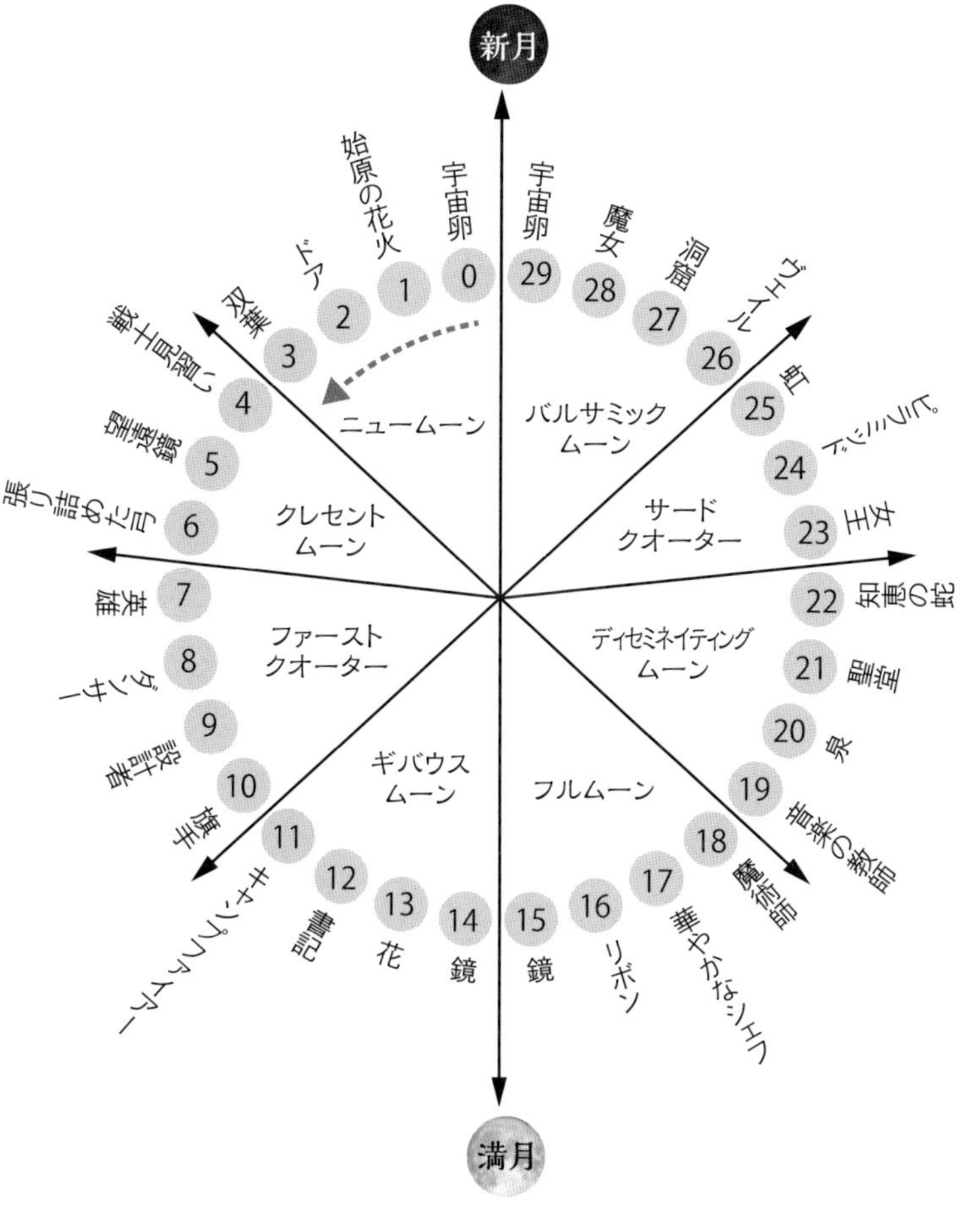

ルナーシンボルを順に追い、月の満ち欠けのサイクルを「物語」のようにイメージしてみましょう。また0と29の「宇宙卵」と、14と15の「鏡」は、それぞれ新月と満月に対応する重要な月相となるため、領域を大きく設定してあります。

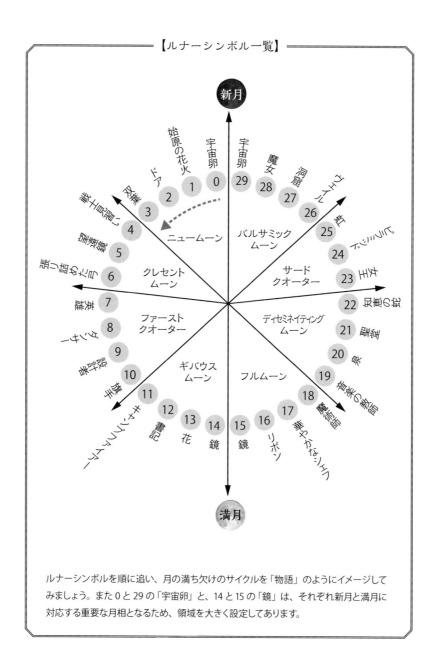

運命は月と共に ①

Sample Reading No.1

マリリン・モンロー

ディセミネイティングムーン生まれ

1926年6月1日生まれ。複雑な家庭環境に育ち、少女時代は孤児院に入れられ養家を転々としていた。19歳の頃、働いていた航空部品工場で撮られた写真が雑誌に掲載されたことをきっかけに女優の道を歩み始める。その後『ナイアガラ』『紳士は金髪がお好き』などの映画に出演。美しいブロンドや特徴的な口元のホクロ、腰を大きく振って歩くモンローウォークなど、50年代ハリウッドの「セックス・シンボル」として名を馳せた。

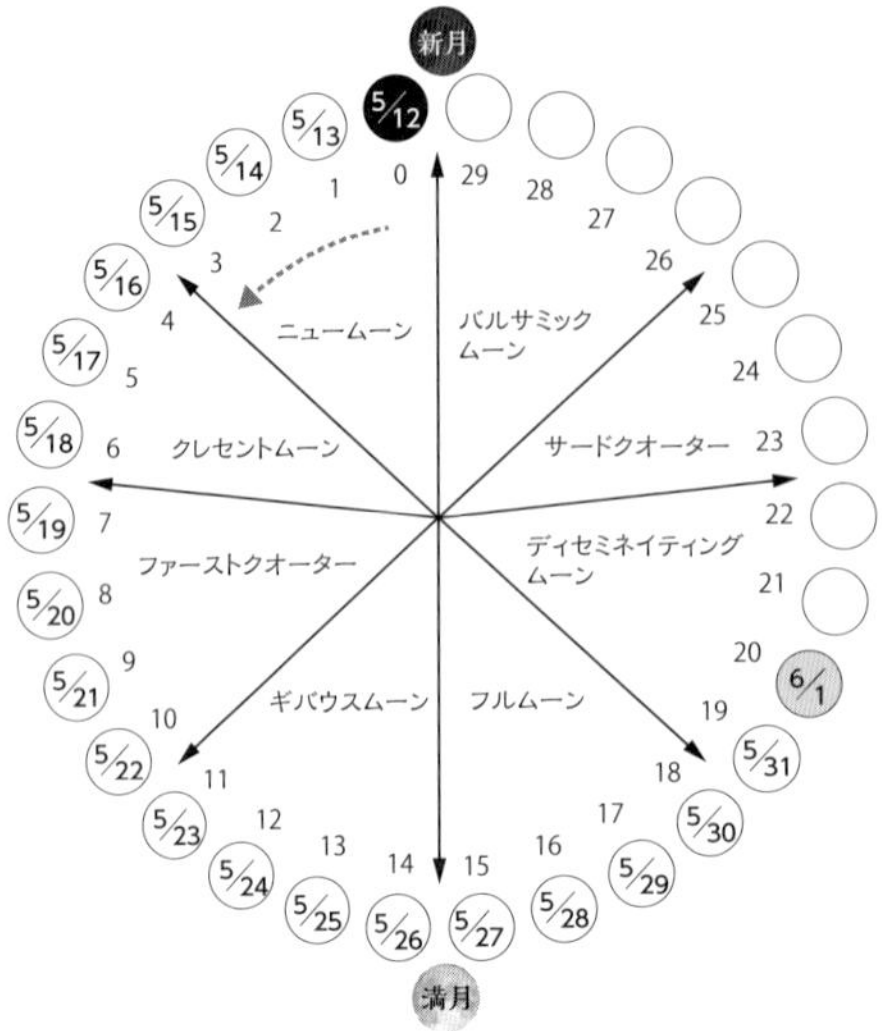

【マリリン・モンローの月齢サイクル図】

自らが泉となって愛を広げる存在

マリリン・モンローは、ディセミネイティングムーンの生まれです。満ちた月が再び欠けていき、闇に少しずつ溶けていくさまは、どこかエロティックな風情があり、自分を投げ出すことで得られる官能的な喜びを彷彿とさせます。彼女の魅力は、男をもてあそぶような小悪魔的セクシーさではなく「何でも受け入れてくれそう」と感じさせる柔らかさ。これはディセミネイティングムーン生まれの特徴です。

またこのタイプは、自分の身を削ってでも尽くす深い慈愛の持ち主。幼い頃、十分に愛を受けられなかった彼女は、愛を注ぐ対象を求め続けていたのでしょう。愛の飢えは、三度の結婚を繰り返した事実にも表れているかもしれません。

そしてルナーシンボルは「20　泉」。なまめかしい美貌を持ちつつも、内面は泉のように澄んでいたことをうかがわせます。彼女はとてもエロティックでありながらも、どこかそれを演じているようなところがありました。ずっと自身の「頭の悪そうな尻軽女」のイメージに悩んでいたと言いますが、「泉」は水を人に分け与える存在。彼女は世界中の男性のために、その役を演じ切ろうとしていたのかもしれません。

運命は月と共に ②

Sample Reading No.2

マイケル・ジャクソン

ギバウスムーン生まれ

1958年8月29日生まれ。兄弟と結成した「ジャクソン5」でリードボーカルとしてデビュー。デビュー曲『I Want You Back』は全米1位。その後、ソロ活動を開始し、『Thriller』は世界で最も売れたアルバムとしてギネス記録に。1960年代から2000年代まで、エンターテイナーとして第一線で活躍、独創的な作品は多くの人に影響を与えた。「キング・オブ・ポップ」の異名を持ち、2009年に亡くなった後も世界中で愛されている。

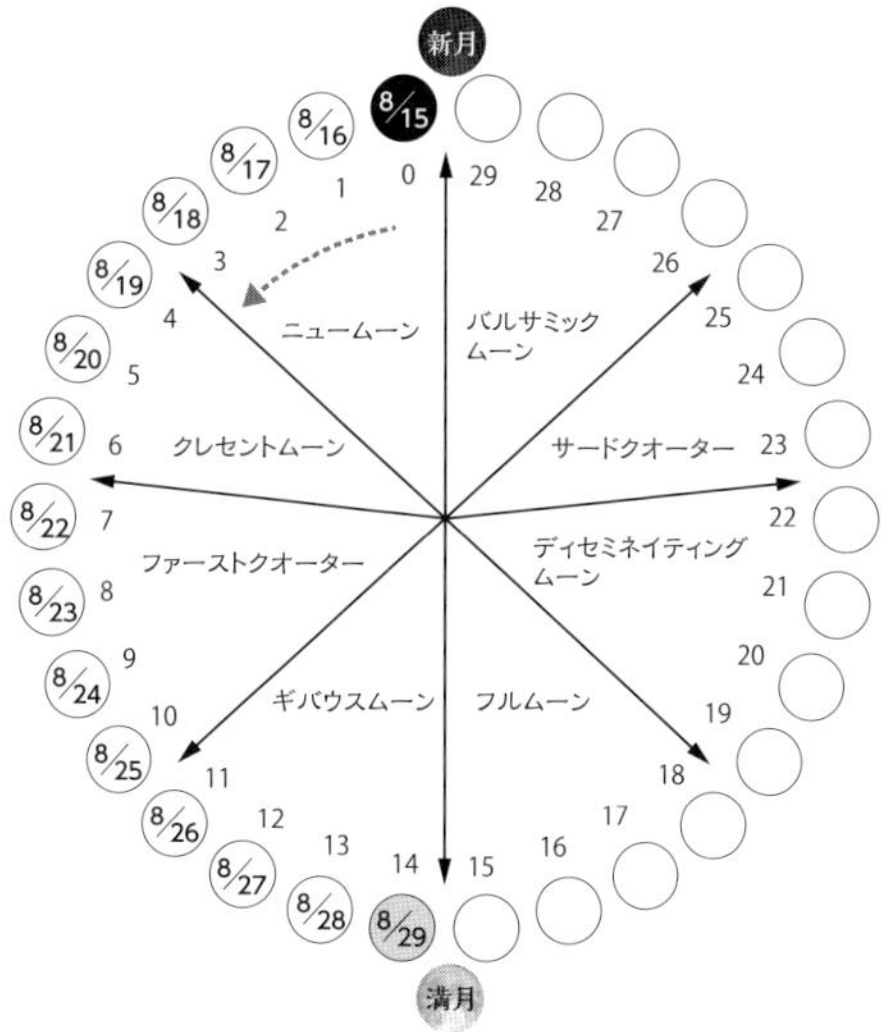

【マイケル・ジャクソンの月齢サイクル図】

「何かが足りない」欠乏感が原動力に

マイケル・ジャクソンはギバウスムーンの生まれです。しかも満月の一歩手前、「あと少しで満ち切る」という最も勢いを感じさせる月です。11歳でデビューし、一気にスターダムにのし上がった強運が表れているのではないでしょうか。

ただしギバウスムーンはいまだ満月になりきれていない状態です。つまり「まだ何かが足りない」、「どれだけ頑張っても完璧に及ばない」という気持ちに支配されやすい一面があります。彼の素晴らしいパフォーマンスはそうした自分への厳しさ、あくなき向上心から生まれたものだったに違いありません。また作詞や作曲、振り付け、衣装など、作品にまつわるプロデュース全般を手がけたのも、完璧主義な一面があってのことでしょう。

もちろん、こうした心理は自身の外見へのこだわりとしても表れたはず。なぜなら彼のルナーシンボルは「14　鏡」。これは強い自意識とナルシシズムを持っていることを象徴します。「こうなりたい」という完璧な自分像を思い描きながらも、それに及ばない自分に葛藤することが多かったかもしれません。でもそうした自己矛盾を原動力として、クリエイティブな作品を生み出していったのでしょう。

漆黒の暗闇の中、生まれたばかりの月

【ニュームーン】

New Moon
新月

意識と無意識が分離せず、一体となっている人

ニュームーンとは新月、つまり太陽と月が重なった状態です。ちょうど月の背後に太陽があるため、太陽の光はさえぎられ、夜空にその姿を見ることはできません。古く、人々は闇の中から月が生まれてくると考えました。日本では新月を「朔日（ついたち）」と呼びましたが、これは「月が立つ」という意味。

このタイプの人が地上に生を受けたのは、暗闇から月が生じるこの時期でした。ルネーション的に言うならば、月が支配する無意識というう名のダークネスの領域から、太陽、つまり意識が立ち上ってくる状態です。まだ無意識の領域のほうが広いため、このタイプの人は頭で考えるよりも先に身体が動くとか、「なぜだかわからないけれど、やらなければならない」といった、言葉にならない衝動に突き動かされることが多いでしょう。

このフェイズをたとえるならば、まだ自分が何者ともわかっていない、この世に生まれたばかりの無防備な赤ちゃん。赤ちゃんは空気を読んだりしません。自分の快、不快をそのまま顔や態度に出します。

ニュームーンタイプの人は、太陽の存在を認識しづらいため、自分自身を客観視することが苦手かもしれません。でもその分、「周りにどう思われるか」「これをやることでリスクがあるのではないか」などと考えずに、自分の思ったこと、感じたことをそのまま貫くことができる、強さと純真さを持って生まれた人なのです。

この人の光 New Moon

どこまでも自分を貫く、純真さ

ニュームーンの人は、占星術的に言えば、太陽と月のコンジャンクション（0度で重なること）を持っているということです。占星術では、太陽は「その人が目指す生き方や行動」を、そして月は「本能的な欲求や感情」を司ります。そのため感じたことがそのまま行動に直結する、とても素直なタイプと言えるでしょう。自己矛盾が生じにくいため、何をするにも迷いがなく、決断がスピーディーなのも特徴の一つ。

人間は多かれ少なかれ「言いたいけれど言えない」「やりたくないけれどやらなければ」といった葛藤を抱えるものですが、ニュームーンタイプにはそれがありません。「欲しいものは欲しい」「したくないことはしない」と、とてもシンプル。自分の中で答えが出ていることに関しては、絶対に曲げません。

他人の目や社会通念など、様々なしがらみにとらわれている多くの人にとって、ニュームーンタイプの迷いのなさ、そして自分を貫く強さはとても貴重でまぶしいものなのです。

この人の闇 New Moon

空気や人の気持ちの読めなさ

自分の中に葛藤を抱えることの少ないニュームーンタイプですが、決して悩みがないわけではありません。なぜなら自分を押し通せば、当然、他人と衝突することが増えるからです。

いろいろな角度から物事を見ることが苦手なため、「自分が思っていることは相手も思っているはず」と信じて疑いません。そのため無意識のうちに、他人に「こうして欲しい」「こうすべき」ということを押し付けたり、自分の言動をどう受け取られるかまで意識が回らず、「空気が読めない」とささやかれることも……。自分を受け入れてもらえないと、相手の存在を徹底的に無視するような、子ども特有の残酷さも持っているため、確かに対人トラブルは絶えないでしょう。

でもそうした衝突を繰り返し経験し、「世の中にはいろいろな人がいるのだ」ということを理解していくことがニュームーンタイプの人生のテーマ。そうして成長するほどに、強さと優しさ、両方を兼ね備えた人になれるでしょう。

求める愛の形　New Moon

湧き上がる衝動に抗えない

ニュームーンタイプの人が恋に落ちるのは一瞬です。「この人！」という言葉にならない感覚があり、一目惚れすることが多いでしょう。自分の内側から湧き上がってくる衝動に抗えないため、出会ってすぐにゴールインする早婚タイプが多いのも特徴。また、パートナーがいたとしてもおかまいなし、モラルに縛られない性的関係も持ちやすいでしょう。

ただしその瞬間の高揚感こそがすべてで、「その先どうなるか」といった後の展開まで予測できないという難点があります。そのためすぐに離婚してしまったり、「なぜあんな人と？」と後悔する結果にもなりがちです。つき合い始めた後も、ニュームーンタイプは基本的に「自分」ありき。そのため束縛の強い人、言いなりにさせようとする人との関係は、遠からず破たんするでしょう。

でも気持ちの切り替えが早く、学習能力も高いので、次の恋をするごとにいいパートナーを見つけ、ステップアップしていけるはず。

人と関わる際のスタンス　New Moon

裏表なく、どんな時もストレート

思ったことと行動が直結しているのがニュームーンタイプの特徴です。つまり、その言動には嘘や裏がありません。他人も自分と同じように、ストレートに自分を表現していると思っているため、相手を疑ったり、駆け引きをしかけるようなこともないでしょう。そのため「信用できる人」「つき合いやすい人」として人気があります。

ただし裏表がないということは、時に思いやりに欠けてしまうということでもあります。「これを言われた相手はどう思うか」という視点を持ちづらく、思ったことをパッと口にしてしまうため、相手を傷つけたり、失言してしまったり……。これも失敗を繰り返しながら、空気を読む術を学んでいくしかありません。

また自分の気持ちを理解してくれない人に対して、「わかってくれないならいい」と、切り捨ててばかりでは、一生どんな人ともわかり合うことはできません。面倒でも言葉を尽くし、相手の意見に耳を傾け、関係を「育む」意識を持つことが大切です。

New Moon

人生で訪れる幸運

思いがけないひらめきに恵まれる

ニュームーンタイプの人は「自分にはできる」という不思議な自信を持っています。自分の可能性を素直に信じられるため、「自分にはどうせ……」と考えがちな人に比べたら、格段に成功しやすいでしょう。

また月が表す無意識の領域とのつながりが深いため、そこから様々なヒントを汲み上げる能力があります。そのため「直観」のような形でアイデアをひらめいたり、大衆が潜在的に抱いているニーズをキャッチすることができます。時代を先取りする仕事、商品の企画開発、ファッションなどトレンドを扱う仕事は、まさに天職と言えるでしょう。

ただし一つのことにのめり込みやすく、ワーカホリックになりがちな点には注意が必要です。このタイプの人は、好きなことに夢中になっている時、遊んでいる時、眠っている時など、無意識の領域とつながっている時にひらめきが降りてきやすくなります。精神的なパワーチャージもできるので、しっかりと息抜きをするように心がけましょう。

New Moon

やりがいを感じられること

自分が「第一人者」となる

月のサイクルの始まりである、ニュームーンに生まれた人は「物事を始める」力を持っています。普通の人なら「失敗しないだろうか」と考え込んでしまう場面でも、自分の中でゴーサインが出ていれば、一歩踏み出すことに躊躇しません。そのため無から有を生み出すクリエイター、企業の創始者など、あらゆる分野の第一人者として、若いうちに成功をつかみやすいのです。どんな職業でも、新たに何かを始めること、前例のないことへの挑戦は得意なはず。

またノルマや課題など、わかりやすい目標を提示されると、達成欲求が刺激され、人一倍燃える傾向もあります。どんなことも人に教わるよりも、まず自分でやってみることでコツをつかんでいくでしょう。

ただし、短期集中型でその時のテンションによって仕事振りが左右され、雑になりやすく、長期的な視点に欠けがち。今、手がけていることをどうやって「次」につなげるかを考えることが、キャリアアップの鍵になるでしょう。

New Moon

ニュームーンに幸運を呼ぶ六つの鍵

1 誰よりも先に選ぶ

未知のことに対する恐れのなさ、そして決断の速さはあなたの最大の武器です。何事も先手必勝を心がけて。他の人が躊躇してしまうような場面でも、率先して前に出ることを心がければ、必ずあなたのよさが出てくるでしょう。

2 早寝早起きを習慣づける

睡眠時にたくさんのインスピレーションを得られるニュームーンタイプ。それと同じくらい大切なのは、太陽の光を浴びること。無意識の世界から現実世界に戻ってきたことを示す儀式と考え、ぜひ早寝早起きの習慣をつけましょう。

3 植物を育てる

ニュームーンを植物の成長にたとえると、土壌に新しい種が蒔かれた状態です。そのため実際に植物を育てて「運のプロセス」を体験すると、自分自身の活かし方や、運の波の乗り方など、様々なヒントを得られるでしょう。観葉植物でもOK。

ルナーシンボルでわかる あなたの秘めている才能

0 Lunar Symbol 宇宙卵

ちょうど新月の頃に生まれた人です。シンボルである「宇宙卵」はこの世のあらゆるものを生み出す源泉。生まれたての赤ん坊のように無限の才能と可能性の塊のような人。無から有を生み出すパワーを秘めています。

1 Lunar Symbol 始原の花火

シンボルは物事の始まりに生じる火花。この生まれの人は、一見、とても落ち着いていてクールに見えますが、実は内に熱いものを秘めています。人生の過程で「これは自分がやらなければ」と強い使命感を抱くでしょう。

※ P32で出したルナーシンボルのところを読んでください。

4 過去の失敗にとらわれない

ニュームーンタイプにとって「自信」は重要です。自信の有無が、その後の人生の展開を決定づけると言っても過言ではありません。過去の失敗をいつまでも引きずらず、気持ちを切り替えて何度もトライを。必ず成功し、自信になります。

5 常に自信が持てる自分でいる

服やメイクはコンプレックスを隠そうとするより、自信のある部分を目立たせて。体形に自信がないならぜひダイエットを。それだけで人生が大きく変わります。ほとばしる情熱を胸に宿しているニュームーンタイプを象徴する色は深紅です。

6 いい習慣を始める

場当たり的に生きがちで、長期的に物事を考えるのが苦手なニュームーンタイプ。そこで手間はかからないけれど、継続することで確かな違いが出てくるようなことを習慣として取り入れるといいでしょう。数年後、格段の差が出てくるはず。

新月

2 Lunar Symbol ドア

生まれつき「自分にはできる」という不思議な自信にあふれている人です。自分の未来は明るいということを信じられ、好奇心が旺盛なためにいろいろなことにトライします。無邪気で、人を疑うことを知らず、どんな人にもオープンに接します。

3 Lunar Symbol 双葉

地中深くに眠っていた種が、地上に芽吹き、葉を広げようとしている状態。この生まれの人は、伸びやかな可能性を秘めています。何かを「始める」ことに適性があり、実際にそうした役が回ってくることが多いでしょう。失敗を恐れず、自分を向上させようとする人です。

次第にふくらんでいく、若々しい月

【クレセントムーン】

自我が芽生え、好奇心のままに走り出す人

新月の後しばらくして、日没後の空に弓のような形をした細い月が昇ってきます。これがクレセントムーン、日本では「三日月」と呼んでいます。真っ暗闇となった世界に、再び光が現れる……それは古代の人々にとって、一度は姿を消した月の復活、「喜び」の象徴だったことでしょう。「三日月を見ると幸運」というジンクスもあるようです。

このタイプの人は、そんな時期にこの世に生を受けました。ルネーション的には、暗闇という月が支配する無意識の領域から、太陽が象徴する明朗な意識が立ち上ってくる時と言えます。そのため、この時期に生まれた人は自分を前に押し出したいという衝動を強く持っており、「これがしたい」「あれをやりたい」と意欲にあふれているのが特徴。

このフェイズを女性にたとえるなら、自我が芽生え始めた少女。好奇心旺盛でおもしろそうなものを見つけると、いてもたってもいられずに、走り出すでしょう。愛嬌があり、人々を自然と笑顔にするような力を持っています。

ただし光は細く、か弱い状態。まだ暗闇の領域のほうが大きいため、「何かしなければ」と思いながらも、具体的な形にできていない場合も多いでしょう。自分の未熟さを感じて葛藤することもあるかもしれません。

でもそれは、無限の成長の伸びしろを持っていることの表れ。これからどんどん成長し、輝きを増していくことを約束されている人なのです。

この人の光 Crescent Moon

若々しい精神を持つ永遠の少年少女

クレセントムーン生まれの人は、いくつになっても若々しい印象を与えます。それは外見だけに限りません。何よりも精神が若いのです。

常に最先端の情報をチェックしていて、興味を引かれることには何でも首を突っ込んでいくので、文系・理系問わず、知識の守備範囲はかなり広いでしょう。情報感度が高く、この人が「おもしろい」と思ったものが、しばらく後になってから、世の中で流行り始めることもよくあるはず。

また考え方が柔軟で、何事にも偏見を抱きません。知らないことがあれば素直に「教えて」と言えるでしょうし、自分でも調べるはず。なおかつ吸収力が高いため、あらゆる知識やスキルを自分の力にしていくことができるのです。

言うなれば「学び続ける子ども」のような精神を持っているということ。「知りたい」「学びたい」という意欲さえあれば、一生老けることのない、若々しい心を持ち続けることができるのです。

この人の闇 Crescent Moon

すべてが表面的に終わりがち

クレセントムーンは、まだ月のほとんどは闇の中にあります。そのため、このタイプの人は、どんなに明るく見えても、心の奥に言い知れない不安を隠し持っていると言えるでしょう。

常に成長したいと願っている反面、自分が退化すること、もしくは過去に後戻りすることを極端に恐れます。また新しいこと、おもしろいものにパッと飛びつくのですが、飽きるのも早いため、モノにならずに終わってしまうことも。そのため常に何か新しいものを取り入れていないと、不安になりやすいでしょう。意外と神経質なところもあり、人との関わり方が表面的になりがちな一面もあるようです。

つまり「始める」のは得意でも「育む」「熟成させる」のが苦手なのです。年を重ねるにつれて、自分自身の肉体、そして置かれている立場や周囲が求めるものは確実に変わっていきます。いつまでも「浅く、軽く」ではいられません。いい年の取り方をするにはどうすればいいのか、考えることが課題です。

求める愛の形 Crescent Moon

すべてを受け止めてくれる愛

クレセントムーンタイプの人が恋に落ちると、すぐに態度でわかります。ソワソワしたり、はしゃいだり……自分では隠しているつもりでも周囲に恋心がバレていることが多いでしょう。つき合い始めると相手に甘えるような一面も見せるはず。ただし基本的に自由が好きで、一人の時間も大切にしたいタイプなので、嫉妬心や束縛の強い人とは合いません。

そうして一度、恋が終わると「もうあんな思いをするのはこりごり」と仕事や趣味に走りやすい傾向があります。そうして自由気ままな独身生活を謳歌しているうちに婚期を逃すことも……。本当は寂しがりなので、独身を貫くよりもすべてを受け止めてくれるパートナーがいたほうが、精神的に安定するでしょう。

ただし相手に裏切られることを恐れ、愛をあちこちに分散させるクセがあります。パートナーがいるのに異性の友達と親しくしたり、勢いで遊び相手と関係を持ったり……。一人の相手に誠実に愛を貫くことを学んだ時、最高の幸せを得られるでしょう。

人と関わる際のスタンス Crescent Moon

人好きな表の顔と、束縛を嫌う裏の顔

全タイプの中でも随一のコミュニケーション力を持つのが、クレセントムーンタイプ。他人に警戒心を抱かせない、人懐っこいオーラを放っています。人見知りをせず、どんな人にも自分から気さくに話しかけることができるので人気者でしょう。顔も広く、あちこちからお声がかかるため、風のように軽やかな交流を楽しんでいるはず。

これほど人づき合いに長けているクレセントムーンタイプですが、実は人になかなか本心を打ち明けられません。心を開いた人に裏切られること、相手に必要以上に束縛されることへの恐れが根底にあるようです。

また気まぐれなところがあり、ドタキャンをしたり、ある日は笑顔だったのに、次の日はむすっとしているなど、態度に差が出やすいところも……。そうした部分は、思っている以上に他人に勘づかれているもの。まずは自分の気持ちをコントロールすること。そして自分は人と、どういう関わり方をしたいのかを見つめ直す必要があるかもしれません。

人生で訪れる幸運 Crescent Moon

何事も一瞬で習得できる理解力

クレセントムーンタイプの人が授かっている素晴らしい能力、それは物事のコツをつかむのがとても上手だということ。頭の回転が速いため、説明を最後まで聞かなくても理解してしまったり、動作を一度見ただけでマスターできてしまったりするでしょう。他の人の半分の労力でどんなことも習得できるので、周囲からは憧れの的として見られるかもしれません。

また相手の様子を見て「何をしてほしいのか」を察知する能力にも秀でています。そのため、気配り上手だと評判でしょう。交渉や接客など人と対峙するような仕事に就くと、めきめき頭角を現すはず。

ただし、物事に飽きやすいところがあるのが難点です。その作業に「慣れ」てしまうと、注意力が落ちてしまったり、転職願望が芽生えてきたり……すぐにソワソワし始めます。

やみくもに外に新しい刺激を求めるよりも、今、手がけているものの中にある「おもしろさ」を見つけ出すことが、レベルアップの秘訣です。

やりがいを感じられること Crescent Moon

古いものを生まれ変わらせる

表向きはとても穏やかで人懐こく見えるクレセントムーンタイプの人ですが、実は胸の内に強い反抗心を隠し持っています。役立たないもの、効率の悪いこと、皆が盲信している考えなど「古く形骸化したもの」に敏感に反応し、改善するために名乗りを上げるでしょう。言ってみれば、自分が置かれている場所の改革者になる資質があるということです。

そのためあらゆる分野における仕組み、やり方、考え方を新しいものにするようなことに取り組んでいる時に、最もやりがいを感じるでしょう。柔軟な感性に基づいた斬新なアプローチで、古びたものを素晴らしいものにリニューアルさせることができるはず。それはきっと評判を呼ぶでしょう。

ある程度実績を積むと、独立したいという願望が芽生えるかもしれません。でも実は心配性で、精神的に強いタイプではないので、一人で行動するのはあまり向きません。組織に属していたほうが、のびのびと実力を発揮できるでしょう。

Crescent Moon

クレセントムーンに幸運を呼ぶ六つの鍵

1 学んだことの記録を残す

「学び」が人生を動かす鍵になるクレセントムーンタイプ。学んだことを記録に残すと、自分の成長が目に見えるため、自信につながります。また文房具は間に合わせのものではなく、使っていて気持ちが上がるような上質なものをセレクトして。

2 半年に一度は旅行に

クレセントムーンタイプは日常がマンネリ化してくると、突拍子もない行動に出やすくなります。そのためできれば定期的に旅行に出かけるようにしましょう。近場に一人旅でもＯＫです。そこで得た感動が原動力になり、生活にハリが生まれます。

3 年相応の「重み」を意識する

基本的にカジュアルな服を好むクレセントムーンタイプですが、年齢を重ねてもそのままでは、存在が軽んじられてしまう原因に。若々しさが痛々しさになってしまわないよう、着るものの質を上げたり、ＴＰＯを踏まえた装いを心がけて。

ルナーシンボルでわかる あなたの秘めている才能

4 Lunar Symbol 戦士見習い

何かを「学ぶ」ことに縁のある人です。いろいろな知識を身につけることで自信がつくでしょう。共に学ぶ仲間、あるいは人生の師に恵まれやすい運もあります。人柄はとても温和で甘えん坊の一面がチャーミング。

5 Lunar Symbol 望遠鏡

高い理想を持っている人です。どんなに周りの人に「実現不可能だ」と言われようとも、それを叶えるべく努力するはず。また「今ここにはない何か」について思いを巡らせることを好むでしょう。星や宇宙に関心があることも。

※ P32 で出したルナーシンボルのところを読んでください。

4 神経質な自分をいたわる

クレセントムーンタイプは実はとても敏感。でもその点を自覚していないことが多く、無茶をしがちな一面があります。特に精神的なストレスはすぐに肌や体調に現れるはず。無理をするのはやめて、自分をいたわるように心がけましょう。

5 自分なりの「お守り」を持つ

気持ちの浮き沈みが激しいところがあるため、「これがあれば大丈夫」というアイテムや趣味を持っておくと精神安定剤に。そうすれば人に当たったり、間違った行動を取ってしまうことがなくなり、人生全般の安定度が高まります。

6 ピリッとした刺激で集中力アップ

あちこちに意識が向いてしまう傾向があるクレセントムーンタイプ。そのため勝負事の前には辛いものを食べると、気持ちが引き締まり、集中力がアップ。また、幸運を運んでくれる色は黄色。そのためカレーは一押しです。

6 Lunar Symbol 張り詰めた弓

矢をつがえた弓のように、内面に緊張感を持っている人です。動きたい気持ち、それを引き止めたい気持ちの両方が拮抗しており、葛藤を抱えやすい性格でしょう。でも一度心が決まれば誰にも止められない、すさまじいパワーを発揮します。

三日月

光と闇のコントラストが美しい月

【ファーストクオーター】

葛藤に打ち勝ち、確実にその先へ進む人

月は刻々と光の領域を大きくしています。そして光と闇の領域が半々になるのが上弦の月。いわゆる半月であり、別名「弓張り月」とも呼ばれます。ファーストクオータータイプは、この月が昇っている時期に、この世界に生まれた人です。

ルネーション的に言えば、月が象徴する無意識の領域と太陽が表す意識、この二つが拮抗している状態。そのためファーストクオータータイプの人は、自分の内側に二つの顔を持っているということになります。「こうしたい」「こうしなければ」と明確な意志を持ち、勇敢に人生を切り開いていく時もあれば、急に「自分には無理かもしれない」と自信を失って足がすくんでしまう……その繰り返しかもしれません。

このフェイズを女性の一生にたとえるならば、気持ちが揺れ動きやすい思春期の少女といったところでしょうか。自分に自信がある時は目の前が輝いて見え、意気揚々と行動するのに、何かのきっかけで自信を失った途端、この世界すべてが嫌になってしまう……そんな気持ちに心当たりはありませんか?

とはいえ、ここから太陽の力が増し、光の領域が大きくなっていく月であるという点は心に留めておいてください。たとえ歩けなくなって、その場にしゃがみこんでしまったとしても、次の場面では自らの意志で必ず立ち上がる、それがファーストクオータータイプ。不屈の魂を持った戦士のような人なのです。

この人の光 First Quarter

我が身を省みず立ち向かう勇敢さ

ファーストクオーターの人は、占星術的に言えば太陽と月のスクエア（90度を形成すること）、もしくはそれに近いアスペクトを持っていることになります。

太陽を「自分が目指す生き方」、月を「本能的な欲求」とすると、月が求める欲求や感情を抑制しても、「こうあるべき」という生き方を貫くことができる人ということになります。理想を実現するためなら、多少の我慢や無理も厭いません。「自分が正しい」と思えば、どんなに強い相手にも立ち向かうでしょう。妥協をしたり、保身に走ったりすることは、一切ありません。

もちろんその分、試練に直面することも人より多いでしょうし、「なぜこんな性格なんだろう」と落ち込むこともあるかもしれません。でも自分を信じて、嵐にも立ち向かうあなたの背中は、多くの人に頼りがいを感じさせるもの。

曲がったことを許さず正義を貫く強さ、口だけに終わらず行動に移す実行力、誰もが「この人についていきたい」と感じるリーダーなのです。

この人の闇 First Quarter

些細なことで自己嫌悪に陥る

光が強くなれば、影が濃くなるように、ファーストクオータータイプの人は、ポジティブな時とネガティブな時の差が激しいかもしれません。

特に仕事などオフィシャルな場面では強気に立ち回っているのに、家に帰ってから「あんなこと言わなければよかった」「嫌われたかも」と弱気になって、一人で涙を流していたりすることでしょう。また本当はとてもデリケートであるにもかかわらず、傷つきやすいタイプには見えないためか、平気でキツいことを言われやすい傾向もあります。そうして、ネガティブ思考と自己嫌悪のループに陥ってしまうのです。

大切なのは勇敢で大胆な顔も、センシティブでもろい顔も、両方が自分であると受け止めること。無自覚なままでいれば暴走しますが、「こういう自分もいる」とわかれば、それだけで心の揺れは少なくなります。きっと対処法も見つかるはず。

闇は見ないふりをするのではなく、受け入れれば怖いことは何もないのです。

求める愛の形

First Quarter

主観と客観を上手に使い分ける

ファーストクオータータイプは、恋愛と結婚を別物と考えるのが特徴です。主観と客観、二つの視点を持っており、恋においては主観を重視。「好き」と思えば猪突猛進、真正面からアプローチするでしょう。ただし強がりの仮面はなかなか外すことができず、異性に対してつい勝気な態度を取ってしまうことも。そして「なぜあんなことを言ってしまったんだろう」と反省したり、相手の何気ない言動の意味を一晩中考えていたりもするでしょう。でも、この人にとってはそうした感情的な盛り上がりこそが恋の醍醐味なのです。

ただし、結婚を考え始めたら話は別。気持ちはさておき客観的に「この人と一緒になって幸せになれるかどうか」をシビアにチェックするようになります。というと、縁遠くなりやすいイメージがありますが、条件をクリアした相手が見つかりさえすれば、感情的な盛り上がりがなくても結婚に踏み切ることができるということ。いずれにしろ、結婚後は精神的に安定し、ますます成功運が高まっていくでしょう。

人と関わる際のスタンス

First Quarter

手加減なし、本音でぶつかり合う

自分の中に光と闇、二つの要素を持つため、建前と本音を上手に使いことなすことができます。それほど親しくない相手には、きちんと「そこそこ」のつき合いをしますが、ある程度、仲よくなるとズバズバと本音を言うようになってきます。相手の気になる部分を指摘したり、「自分はこう思う」と意見を述べたり。大事な人であればあるほど、わかり合えていない部分があることが耐えられないのです。適当に場を収めないので大ゲンカになることもあるでしょう。でも言い方を変えれば、この人にとっては「言い争える」ということは親愛の証。そうして「雨降って地固まる」を繰り返し、関係を強固にしていくのがファーストクオーターのやり方です。

ただそうしたコミュニケーションに慣れていない人は、強い物言いに驚いてしまい、何も言えなくなってしまうのは確か。相手のタイプによってアプローチを変える器用さを身につければ、どんな人ともわかり合うことができるでしょう。

人生で訪れる幸運

First Quarter

あらゆる経験を成長の糧にできる

ファーストクオータータイプを植物の成長でたとえるなら、土に蒔いた種が芽を出し、上を目指して伸びていこうとしている段階。踏まれるほどに強くなり、そこからさらにぐんと上に伸びていこうとします。何かにつまずいたとしても、自分の何がいけなかったのかをしっかり反省し、「今度はこうしよう」と頭に叩き込むことができます。つまり、同じ失敗を繰り返さないのです。これは素晴らしい才能の一つ。経験するたび確実に成長していけるということだからです。

そのため重要なのは環境選び。危険はないけれど刺激もない、毎日、同じことを繰り返すばかりの場所に身を置いていると、せっかくの資質が枯れてしまうので気をつけて。またこの力は「一つのことをとことん究め、上達させることができる力」とも言えます。もし本業とは別に好きなことがあるなら、ぜひ、その知識やスキルも大事に伸ばしていってください。いずれ、それはプロ並みになり、ライフワークとなる可能性が高いでしょう。

やりがいを感じられること

First Quarter

何らかの場でトップに立つ

ファーストクオータータイプの人は、社会で成功する確率がきわめて高いと言えるでしょう。なぜなら成功するための素質をほとんど持っているからです。

人の何倍も動く行動力。未知のことを恐れずに立ち向かうチャレンジ精神。現状に満足せず「より上」を目指す向上心。競争意欲も旺盛なので、同年代の人を押しのけて出世する可能性も高いですし、人をまとめる役目も向いています。こうした能力を持つ人が何もせずに平凡な人生を終えることは、まず考えられません。「上を目指す」という決意さえすれば、必ずトップまで上りつめることができるでしょう。特に行動力や押しの強さが決め手となる営業職、世界を股にかけるような仕事、独立起業するのも向いています。

ただし利益や実績を求めてガツガツ推し進めようとすると、人間関係に不調和が生じやすくなります。「他の人も自分と同じようにできる」と思い込まず、思いやりを持って接するよう心がけて。そうすれば誰からも愛されるリーダーとなることができるでしょう。

ファーストクオーターに幸運を呼ぶ六つの鍵

First Quarter

1 自分と戦う趣味を持つ

どんな場面でも「戦う」意識を持つことが、ファーストクオーターの人の運を高める秘訣。そこで「自分と戦う」趣味を一つ始めると、人生が開けてきます。ジョギングやロードバイク、水泳など、長い時間をかけられるものが特におすすめです。

2 気分転換に料理をする

料理はこのタイプの人のクリエイティビティーを引き出す作用があります。考えがつまったり、アイデアが欲しい時はぜひキッチンに立ちましょう。料理をしながら思いを巡らせると、素晴らしいひらめきがあるはずです。

3 おしゃれを意識する

ファーストクオータータイプの人は仕事人間になりやすい傾向があり、気づけばいつも同じ服ばかりになりがち。シンプルな装いでかまいませんが、できるだけ明るい色のものを着て気分を高めましょう。ラッキーカラーはオレンジです。

ルナーシンボルでわかる あなたの秘めている才能

7 Lunar Symbol 英雄

未知なる世界を恐れずに、真っ先に踏み出そうとする勇敢な魂を持つ人です。むしろ障害があるほど、燃える傾向があるかもしれません。その勇気と行動力によって、大きなことを成し遂げるポテンシャルを秘めています。

8 Lunar Symbol ダンサー

「自分を存分に表現したい」という情熱を持っている人です。そのため言動の一つひとつがドラマティックで、人の目を引きつけるでしょう。ダンスや音楽、絵など、創作的な趣味を持つことで、大成功を収める可能性も。

※ P32で出したルナーシンボルのところを読んでください。

上弦の月

4 暴飲暴食をやめる

ファーストクオータータイプは、食べたものが脂肪になりやすい傾向があります。これは月が勢いよく満ちていく期間に生まれたため。気持ちの落ち込みを暴飲暴食で解消しようとするのはやめ、他のストレス解消法を作りましょう。

5 大きな声を出す

気持ちが落ち込んでいる時、自信が持てない時は、途端に声が小さく、頼りなくなるのがこのタイプの特徴。逆を言えば大きくハリのある声を出していれば、気持ちを上げることができる、ということ。ぜひ朝は大きな声であいさつを。

6 自分自身を慈しむ

いつも戦っているこのタイプの人は、ともすると自分自身のケアがおろそかになりがち。ぜひエステやマッサージなどに足を運ぶ機会を定期的に設けましょう。月がファーストクオーターの時期に肌を磨くと、より美しくなるという言い伝えも。

9 Lunar Symbol 設計者

将来のビジョンをしっかりと思い描く、堅実なタイプです。でも決して大人しいわけではありません。むしろ野心家で、叶えたい目標を実現するためには何をすればいいか、しっかりとプランを練り、それをモノにします。

10 Lunar Symbol 旗手

実行力、そして采配力があるため、人に慕われるでしょう。皆の気持ちを鼓舞するような、情熱的で頼りがいのある人柄も魅力。人生において、必ず何らかのグループのトップに立つことを宿命づけられている人でもあります。

満ち切らない、楕円状の月

【ギバウスムーン】

目標に向けて、成長の意欲がみなぎる人

半月がさらにふくらみ、満月に至る一歩手前の月、それがギバウスムーンです。「ギバウス（Gibbous）」という言葉はあまり耳慣れないかもしれませんが、「半円よりもふくらんだ状態」を意味します。日本語では「十三夜月」、樋口一葉の小説『十三夜』は有名ですね。日本人には十五夜だけでなく、十三夜も月見をする風習がありますが、それもこの未完成の状態に宿る、繊細な美を感じ取ってきたことの表れでしょう。

このふっくらとした美しい月が空に昇っている時に、ギバウスムーンタイプの人は生まれました。ルネーション的に言えば、月が支配する無意識の領域よりも、太陽が表す意識が大きくなってきています。そのため「こうなりたい」という明朗な目的意識を持って行動することができる人です。しかも月は満ちようというエネルギーがみなぎっていますから、「もっと自分を成長させたい」という強い意欲を持っています。

このフェイズを女性にたとえるならば、成人したばかりの女性。身体は大人として成長しているものの、心はピュアで、まだ自分が何者になるのかわかっていない期待感に満ちあふれています。そのアンバランスさは、何とも言えない魅力でしょう。

このタイプの人は決して現状に満足することなく、常により高い目標、満月という完璧な状態を目指そうとします。そのため、いくつ年を重ねても若々しくパワフル。「この人なら、きっと何かやってくれるに違いない」、そんな期待感を抱かせる人なのです。

この人の光

Gibbous Moon

完璧を目指してひたすら努力する

ギバウスムーンは光がすべてに行き届いておらず、まだ暗い部分が残っている月です。まさにそこを埋めようと努力するのが、このタイプの人の人生です。

そのため完璧なものへの憧れを強く持っています。芸術やファッションなど美にまつわることへの関心が強いのはそのためです。また、あらゆる仕事を「ミスなく完璧に仕上げたい」という執念にも似た気持ちを抱いている場合もあるでしょう。でも完璧なものを作り上げるのは簡単なことではありません。だからこそ、このタイプの人は、パーフェクトな状態を目指し、努力し続けることができます。人一倍練習熱心だったり、隠れたところで苦労していたり、その謙虚な姿勢は人々の尊敬を集めるでしょう。

また自分のしたことが人にどう受け止められたのか、どんな価値を生んだのかという客観的な評価を重視しますから、決して「やっただけで満足」ということがありません。正しい努力で才能を伸ばし、きちんと「結果」を出せる人なのです。

この人の闇

Gibbous Moon

常に欠乏感に支配される

完璧な状態を求める気持ちは、裏返せば「自分は完璧ではない」という劣等感との戦いでもあります。人から見れば素晴らしい才能をいくつも持っているのに「まだ足りない」「これではダメだ」と自己卑下をしたり、成功している人を妬んだり。現状に満足できず、常に何かを渇望している状態になってしまうのです。

もう一つ厄介な点は、当初は目標の達成を目指していたはずなのに、いつしか「走り続けること」が生きがいとなってしまいやすいこと。そのため物事が完成し、終わりを迎えることを無意識に恐れます。せっかく幸せが手に入りそうなのに自ら手放してしまったり、何かを達成した後にふと「本当にこれでいいのか」と不安を感じたり。これらはギバウスムーンの端にうっすらと残る「闇」を思わせる瞬間です。

こうした欠乏感は、人生を前進させる原動力になると同時に、本当の幸せを見失わせる要因にもなります。足りないものだけでなく、得ている部分にも目を向け、自分自身に厳しくなりすぎないことが大切です。

Gibbous Moon　求める愛の形

ドラマティックで飽きない恋

ギバウスムーンの人は「心が震えるような体験」を求めています。自らのアーティスティックなセンスを刺激してくれる人でなければ満足できず、平凡な恋には見向きもしないでしょう。そのため出会ってすぐに心動かされる何かを感じることが重要です。その相手は自分の「欠けた部分」を埋めてくれるように感じる人。年齢が離れていたり、育った環境が正反対の相手だったりして、周囲を驚かせるかもしれません。

ただし結ばれた後も、「本当に自分は愛されているのだろうか」「この人でよかったのだろうか」と不安が尽きず、浮気や別れなど、望んでもいないドラマを自分で用意してしまうことも……。結婚に対して消極的なのも、結婚することで「人生が完成してしまう」ことへの恐れがあるからでしょう。でもこれでは、存在するかどうかわからない愛を永遠に探し続ける人生になります。

それもまた楽しいかもしれませんが、愛は見つけるものではなく、育むものである、と考えたほうが人生の安定度、そして充実度が増すでしょう。

Gibbous Moon　人と関わる際のスタンス

「聞く」能力で心をとらえる

強くアピールするわけではないのに、人を惹きつける不思議な力を持っているのがギバウスムーン。その秘密は「謙虚な姿勢」にあります。年下の人にも横柄な態度を取らず丁寧に接し、目上の人には自分の立場をわきまえ、素直に教えを請うことができます。そのためどんな人にも慕われ、愛されるでしょう。あらゆる世代を味方につけることができ、いろいろなことを教えてもらえるのは、実はかなりの強みです。

もう一つの素晴らしい能力が「聞き上手」。ギバウスムーンの人と話をしていると、誰もが「自分を特別な存在として見てくれている」と感じるようです。それは相手を見る眼差し、タイミングのいい相槌、「わかるよ」という同意、こういった何気ない動作に誠実さがにじみ出ているから。それゆえ悩みを相談されることが多いはずです。全員に親身になっていたら身が持たないかもしれませんが、いろいろな人の内面を知ることは勉強につながります。疲れた時はフルムーン生まれの人と過ごすと回復できるでしょう。

Gibbous Moon

人生で訪れる幸運

最後に追い込んで勝利する力

夏休みの宿題、仕事の課題など「ギリギリまで手をつけない」ということが多いのではありませんか?

実はギバウスムーンタイプは、短期決戦に強いという特徴があります。これは満ちていこうとする月の「追い込み」のパワーが宿っているから。そのため他の人が3時間かける仕事を1時間でやるような予定を立てたり、期日のギリギリまで手をつけずに最後に一気に片づける、というようにスケジューリングしてみましょう。スピーディーに片づくどころか、集中力の高い状態で臨めるのでクオリティーも格段にアップします。習い事なども長い時間をかけるよりも短期講座のほうが、のみ込みも早いはず。

ギバウスムーンタイプは、マルチな才能を持っています。文系・理系・運動・芸術、ジャンルを問わず、たいていのことを習得できます。興味のないことに関しては、力を出し惜しみするところがあるのですが、本来であれば何でも「やればできる人」。どんなことも一度は挑戦してみましょう。きっと世界が広がるはず。

Gibbous Moon

やりがいを感じられること

人の心に感動を与える

ギバウスムーンタイプは、大人しく見えたとしても心の内には熱いものを秘めています。「完璧なもの」を追い求める過程で得た、心を高揚させてくれるような体験、その感動を人に伝えたいと願っているでしょう。それゆえアーティストにこの生まれが多いのです。

自分の中に生まれた感動を絵で表現するのか、音楽なのか、あるいは文章やファッションなのか……最適なアウトプットの手法さえ見つかれば、必ず注目を集めるでしょう。またそうした仕事に就いていなくても「他の誰よりも美しい書類を作る」といった特技として発揮される場合も。日常の中で人を感動させたり、「ありがとう」と言われることも、ギバウスムーンタイプにとって喜びの一つなのです。

ただし自信がないためかアピールが苦手。人前に出ることをためらうせいで、才能が埋もれたままになっていることも多いよう。必要なスキルはすべて持っているので、あとほんの少し「営業」を頑張ってみてください。それだけで人生が激変するかもしれません。

ギバウスムーンに幸運を呼ぶ六つの鍵

1 当たり前のことをきちんと

若々しいギバウスムーンタイプは清潔感さえ維持すれば、どんな場面でも好感を抱いてもらえます。シャツにはきちんとアイロンをかける、爪や髪を手入れしておくなど当たり前のことをしっかりと。特にアースカラーの装いは好印象です。

2 自分を固めすぎない

ギバウスムーンの人の魅力は未完の美しさ。盛夏というより、何が起こるかわからない期待感に満ちた初夏のイメージです。そのため「自分はこういう人間だ」と固めすぎないこと。どんな場面でもミラクルが起こる「隙」を残しておいて。

3 アクセサリーをつける

アクセサリーはあなたのセンスの見せ場。出会う人すべてにアピールする手段なのですから「面倒だからつけない」なんてもったいない。複数のものを組み合わせたり、アーティストの1点ものをチョイスしたり、ぜひこだわって。

ルナーシンボルでわかる あなたの秘めている才能

11 Lunar Symbol キャンプファイアー

人々の心を和ませる、穏やかな人柄が魅力です。決して目立つタイプではないものの、自然とこの人を中心にした輪ができます。人にサポートしてもらえる運の持ち主なので、できるだけたくさんの知り合いを作ることが大切。

12 Lunar Symbol 書記

素晴らしい知性を秘めており、何事も自分の頭で考えて答えを出すことができます。そのため人から悩み相談をされたり、アドバイスを求められることが多いでしょう。文章を書くことに類まれな才能を発揮するケースも。

※ P32 で出したルナーシンボルのところを読んでください。

4 ストイックな生活をする

月が満ちていく期間に生まれた人の宿命として「太りやすい」ということが挙げられます。他の人と同じペースで暴飲暴食するのは危険。きちんと自分をコントロールした生活を送ることは、自信をつけることにもつながります。

5 感性を衰えさせない

ギバウスムーンタイプの持ち味である、美意識を常に磨くよう心がけて。身の回りを安物ばかりで固めず、時には「本物」「名品」にふれること。特に歴史を超えて愛されてきた、絵画や舞台を鑑賞すると運が上がります。

6 仕事に自負を持つ

つまらない作業も手を抜かずとことんまで取り組む時に、ギバウスムーンタイプの長所が光ります。書類のデザインを読みやすくする、電話応対は常に笑顔で、計算はミスをしないなど……。その才能に目を留める人が、必ずいます。

十三夜月

13 Lunar Symbol 花

生まれつき、人の目を引きつける存在になる運命を持って生まれた人です。「人からどう見られるか」ということを常に強く意識しているでしょう。その素晴らしい美意識により、アーティストとして大成する人も。

14 Lunar Symbol 鏡

自分が大好きな人です。ただし自信がある時とない時の差が激しく、自己矛盾にさいなまれることも……。そうした葛藤をクリエイティブなエネルギーに変換することで、人々を感動させる素晴らしいものを生み出します。

力強く、最大限に輝く月

【フルムーン】

常にスポットライトを意識して行動する人

新月から始まった月のサイクルが、一つのピークを迎えます。フルムーンとは、太陽と１８０度に向き合った月が、太陽の光を全面に受けて輝いている状態です。皓々《こうこう》と輝く満月の光に、他の星の存在はかき消されます。つまり夜空という舞台の上で、一身に注目を集める「主役」が満月なのです。

フルムーンタイプの人がこの世に生まれた時、空ではそんな月が輝いていました。ルネーション的に言うならば、月が支配する無意識の世界は完全に隠れ、太陽が象徴する明晰な意識が目覚めている状態です。フルムーンタイプの人は常に状況を外側から見つめています。自分を映すビデオカメラが、四六時中、回っていることを意識しながら行動している人と言えるでしょう。置かれている立場で、自分がどう振る舞うのがベストかをいつも考えていて、主観で突っ走るようなことはありません。

このフェイズを女性にたとえるなら舞台女優。生まれつき華やかなオーラを持ち、見ている人に自分をアピールするのがとても上手です。満月のもう一つの象徴として、妊娠した女性、子どもを産んだ新米の母親というイメージもあります。つまり新月の段階で蒔かれた種が実り、めでたく地上に生まれ落ちるタイミングが満月なのです。

新月にかけた願いは満月に叶うとも言われます。そんな生まれですから、どんな場所でも存在感を放ち、大きな物事を成し遂げることを約束された人と言えるでしょう。

この人の光 Full Moon

ベストな自分を演じ抜く

夜空に満月が昇っていると、人々は思わず空を見上げ、その美しさをたたえます。フルムーンの人もそれと同じ。常に人に仰ぎ見られたい、賞賛されたいという欲求を持っています。ただし、それは何もせずに手に入るものではないということも承知しています。ですから人一倍、陰で努力をしているのです。

常に自分がどう見られているかを意識することは並大抵のことではありません。全方位に意識を配り、リアルタイムで自分がどう振る舞うべきか、考えているのですから。「あれは失言だった」「あそこではこう振る舞えばよかった」などと反省していることはしょっちゅうでしょう。でも、その徹底した客観視があるからこそ、自分の思いを上手にアピールし、相手から望むリアクションを引き出すことができます。結果、チャンスを与えてもらえたり、思いを寄せる人に好感を抱いてもらえたりするでしょう。「フルムーン生まれの人は幸運」と言われますが、こういった涙ぐましい努力あってのことなのです。

この人の闇 Full Moon

いつしか本当の自分を見失う

満月は光り輝く面を地球に見せていますが、裏側がどうなっているかというと……暗闇です。光と同じ量のダークサイドを持っているのがこのタイプの人だということを忘れてはなりません。そのため自分が役を演じ切れなかった時、望むリアクションを得られなかった時の落ち込みは、人一倍でしょう。

また占星術において太陽は意志、月は感情を表しますから、このタイプは「感情ではやりたくないと思っている役も必要であれば演じ切る」ことになります。衝動的に飛び出したい場面で、必死にブレーキをかけていたり、「ノー」と言いたくても、笑顔で「イエス」と言っていることもあるでしょう。そうして自分の感情を置いてきぼりにして、様々な仮面をつけ変えているうちに、自分を見失ってしまうこともよくあります。プツンと糸が切れてしまったかのように「もう何もやりたくない」と投げやりになることも……。

「本当の自分は何を望んでいるのか」を確認するクセをつけることが、それを防ぐ唯一の方法です。

求める愛の形

結婚することで人生が完成する

フルムーンの人にとって恋愛は、最もいい自分を見せる舞台。好きな人は「特等席で自分を見てくれる観客」です。最大限に愛を注ぎ、投資してくれて、終演後に「よかったよ」と褒めてくれるような人を求めます。そのため高嶺の花のような相手より、本当に深く自分を愛し、裏切らない人を選ぶでしょう。

また太陽は男性性、月は女性性を示します。それが互いを向き合っている状態が満月です。フルムーンタイプの人は、太陽と月の結婚を象徴しており、「結婚してこそ人生が完成する」と考えているところがあります。そのため、何となくの流れで結婚するようなことはなく、「この人ならば」と確信できる人とでなければ踏み切りません。結婚後も「やはりこの人でよかった」「いや、失敗だった」と自分の選択の正当性を確かめるでしょう。でも結婚は「正しい・間違っている」という物差しではかることができるものでしょうか。「正しかった」と思えるように努力する、その視点を持つことが幸せな結婚生活を送る秘訣です。

人と関わる際のスタンス

絶妙なコミュニケーション力を駆使

フルムーンタイプの人ほど、日々、人間関係に意識を配っている人はいないかもしれません。基本的にギブアンドテイクが信条で、自分がしてもらった分、相手に何かしてあげないと、きまりの悪さを感じるでしょう。また、相手によって少しずつ見せる顔を変えたり、こっそりと主張したり、あるいは譲歩したりと、他の人なら気づかないような微細な力加減で、バランスを取り、世の中を渡り歩いているのです。

そんなフルムーンタイプですから、その時のコンディションは、「人とうまくいっているか否か」で決まります。皆とうまくいっている時は「この世界は幸せにできているんだな」と感じられますが、誰かに意見されたり、衝突している時は「何もかも嫌だ」と絶望的な気分になりやすいでしょう。

それでも観客のいない舞台は存在しないように、このタイプは人なくして生きていけません。喜びも落胆も同じくらい味わいながら「人のために」生きる時に、一番の満足感を覚えるのです。

Full Moon
人生で訪れる幸運

大事な場面で、勝負を制する

月が満ち切るという「完成」の状態でこの世に生を受けたフルムーンタイプの人は、何かを「成し遂げる」「達成する」という力を持っています。そのため不思議と何かの締めくくりや、すべてをまとめる立場にポンと立たされることが多いかもしれません。言ってみれば少ない努力で、大きな成果を勝ち取れる運を持っているということです。ただそれを1回の棚ボタで終わらせるか、実力を高め、本当の実績としていけるかは、その後の努力次第と言えるでしょう。

もう一つ、このタイプの人が持っている力は、勝負に強いということ。勘が鋭く、「ここぞ」という場面で一歩前に出ることができます。そしてひるむことなく全力を出し切ることができます。大事なシーンでホームランを打てる才能を持っているのです。

ただそれもバッターボックスに立たせてもらえてこそ。つまり周りの協力が必要です。常日頃から明るく、どんな人にも親切に振る舞うことで、いろいろなチャンスにあずかりやすくなるでしょう。

Full Moon
やりがいを感じられること

自分にしかできない何かをする

フルムーンタイプは、人と接することのない環境、あるいは他者に無関心な職場で、誰がやっても結果は同じような仕事をしていると次第にくすんできます。このタイプの人にとって一番、大事な要素である「自己表現」が少しもできないからです。いろいろな人とふれ合い、「あなたでなければ」という仕事をしている時、あるいは自分がキーマンとなって立ち回る仕事をしている時に最も輝きます。人に見られる仕事、宣伝やサービス業全般もやりがいを感じるでしょう。また独立して、自分の名前で仕事をすることが、この人の一番の夢かもしれません。

ただし気をつけたいのは自信過剰な態度。どんな仕事も、たった一人では成り立ちません。陰で支えてくれている存在が必ずいるはず。そうした人への感謝を忘れると、手痛いしっぺ返しがありそう。またライバルとのトップ争いや派閥抗争に執心していると、一番大切な「実力」がおろそかになっていきます。しっかり結果を出すことが、周囲を納得させる近道です。

Full Moon

フルムーンに幸運を呼ぶ六つの鍵

1 調和を意識する

顔の造形というよりも、たたずまいに華があるのがフルムーンタイプ。そのため派手なものやブランドものを身につけると悪目立ちしがち。着たいものより、その日の予定にふさわしい装いを選んで。特にベージュの着こなしを練習すると◎。

2 あえて定番を崩す

フルムーンタイプは研究熱心なので、服装も髪型も「自分はこれが一番似合う」という型を持っているはず。ただし一本調子になってマンネリ化しやすい傾向があります。また年を取ったら定期的にアップデートして、新しい魅力を発見して。

3 人と積極的に関わる

人に見られることで魅力を高め、自信をつけるフルムーンタイプ。逆を言えば人と関わることを避けていると、一生、本領を発揮できないまま終わってしまいます。誰にも会わずに終わる日がないよう、積極的に交流を楽しみましょう。

ルナーシンボルでわかる あなたの秘めている才能

15 Lunar Symbol 鏡

常に自分がどう見られるかを意識している人。人の注目を集める割に自信がなく、屈折した思いを抱えやすいところが。ただしその苦しみから新しい何かを生み出す力があります。人に見られる機会が増えるほど、魅力もアップ。

16 Lunar Symbol リボン

心が優しく、どんな人にも愛される力を持っています。この人がいる場所は調和に包まれるでしょう。特定の人と深い関係を築くことに幸せを感じ、つき合う人によって、大きく運命が変わる可能性を秘めています。

※ P32 で出したルナーシンボルのところを読んでください。

4 フルーツを食べる

フルムーン生まれの人は「満ちたもの」と深い縁を持ちます。そのため果実は最高の開運フード。できればジュースなどではなく、果物を丸ごと食べるようにしましょう。それだけで精神的なダメージを跳ね返す力がつきます。

5 自己表現する趣味を持つ

自分の内にあるものを表現する手段を何か一つ、見つけてください。なかでも一押しは、ステージに立って披露する機会があるもの。演奏、ダンス、演劇、スピーチ……難しいならカラオケでもＯＫ。それだけで才能が目覚めやすくなります。

6 目立つことを恐れない

フルムーンタイプは、よくも悪くも目立ちやすい資質を持っています。それなのにあえて存在感を消すような生き方をしていると、変に目をつけられやすい傾向があります。「目立ってしまうのは仕方がない」と、潔く生きたほうが魅力的です。

満月

17 Lunar Symbol 華やかなシェフ

思いやり深く、相手の心に寄り添い、喜ばせる力のある人です。特に交渉力があり、駆け引きが巧み。プロデュース力にも秀でており、何でもないものに素晴らしい価値を与え、世の中に広めることができるでしょう。

18 Lunar Symbol 魔術師

カリスマ性があり、人々に魔法をかける不思議議な力を持っている人です。強烈なセックスアピールがあり異性からモテるはずです。人の心の深い部分を読み取る力もあり、この人には抗えないと感じる人が多いでしょう。

闇に光が溶け出す、情緒ある月

【ディセミネイティングムーン】

人のために身を捧げる喜びを知っている人

満月を迎え、光が満ち切ると今度は少しずつ端から欠けていきます。月がその身を削り、暗闇に溶け出していくかのような光景は、とても美しく官能的ですらあります。

そんな月が空に浮かんでいる時に、この世に生まれたのがディセミネイティングムーンタイプの人です。「Disseminate」とは「種を蒔く」という意味です。ルネーション的に言えば、太陽が表す意識化がかなり進んでいる段階です。とはいえ一度、満月のプロセスを経て「完成」を見ているため、そこまで「自分」に執着していません。むしろ自分がここまでに得てきたものを人に与えたい、という欲求を持っています。そのためこのタイプの人は、とても優しく、慈愛に満ちているのが特徴。自分のことよりも先に人のことを考え、人の笑顔を見ることを喜びと感じるでしょう。

このフェイズを女性にたとえるなら、経験を積んだ母親。「これを食べなさい」「身体は大丈夫?」と子を気遣う母の愛には限りがありません。また様々な経験を積んでおり、ピンチが訪れてもうろたえることなく対処できる、実際的な能力や度胸もあるでしょう。

富や愛情、時間や労力など、自分の持っているものを人に与えることに躊躇がないのは、すでに満ちているものが自分の中にあるから。そうしてこの人から愛を受け取った人が、また次の人へと愛を渡し……。そんな素晴らしい循環の源にいるのがディセミネイティングムーンタイプの人なのです。

この人の光

静かな自信に基づいた無限の愛

ディセミネイティングムーンタイプは、「自分の身を削ってでも、他人に惜しみなく与える」という特徴を持っています。他のタイプの人からすれば、それは損な生き方のようにも見えるかもしれません。

しかしこの人にとって個人の我の押し出しは、もうそれほど興味があることではないのです。社会的な成功や富よりも、目の前にいる人の笑顔を見られることのほうが何倍も幸せを感じるでしょう。そのため常に余裕があり、ガツガツしていません。

身近な人間関係の中にきちんと居場所があり、そこで自分が役に立っている実感があれば満足できます。手に入るかわからない大きな成功を追い求めるより、たとえ小さくても「確かな幸せ」を選ぶ人なのです。

でも本来、その愛には限界がありません。狭いコミュニティーで満足せずに、広い世界に目を向けてみては？ ディセミネイティングムーンタイプの人は「世界のグレートマザー」となり、より多くの人々を育むことのできる可能性を持っているのですから。

この人の闇

バランスを欠いた愛の暴走

占星術において月は「感情」を表します。光の領域が次第に少なくなり、暗闇がだんだん広がっていくさまは、その愛が過剰になり、暴走してしまうという側面も暗示しています。

特に自分自身が愛されている実感を持てない時、愛が枯渇していると感じる時は、「自分は必要とされる人間である」ということを証明するべく、相手が自分なしでは生きていけないほどに甘やかして、依存的にしてしまうこともあるようです。

またこれとは反対に、差し出した愛を拒絶されるような経験をすると、「冷酷で何も感じない人間」の仮面をつけるようになります。つまり、あふれ出す愛の泉に自ら蓋をし、誰にも心を開かなくなってしまうのです。その結果、日々、孤独感にさいなまれたり、恋愛ができなくなったりしてしまうことも。

大事なのは愛情のバランス。自分でしっかりとその量を調節する術を覚えることが、安定した幸せを守るためには欠かせないことなのです。

求める愛の形

Disseminating Moon

何もかも捨て、相手と一つになる

光から闇へ、自分の身を投げ出して闇と一体化していくようなディセミネイティングムーンの月に生まれた人は、セクシャルな恋の喜びを謳歌できる人です。

人生において恋愛の占めるウエイトは、かなり大きいと言えるでしょう。第一印象で相手を見抜く力があり、理想の人を見つけたなら、まっすぐに愛を注ぎます。とはいえ、身勝手に自分の思いを押し付けるようなことはしません。まず相手の身になり、その心情に沿っていくような愛し方をします。そして相手が必要とするものを先回りして差し出していくでしょう。そのため恋に落ちると、相手中心の生活になります。

結婚は、このタイプの人にとって最高の幸せの形。大切な人が増えるのですから、いっそう惜しみなく愛を注ぎ、家族の一体感を大切にします。

一度、関係が始まると長続きしますが、不満があっても言えなかったり、問題がある相手でも情があって別れられないということも起こりがち。甘さと厳しさ、両方を持つことが大切です。

人と関わる際のスタンス

Disseminating Moon

狭く深く、密度を高める

例えば食事の席で、皆が会話に興じている間、せっせと料理を取り分けているのは、きっとこのタイプ。自分が楽しむより、周りの人が楽しんでいる笑顔を見ることのほうが、何倍も喜びが大きいのです。そのためディセミネイティングムーンタイプを友人に持っている人は幸せでしょう。一瞬、浮かない表情をしただけで、すぐに気づいて「どうしたの?」と気にかけてくれるのですから。まさに人々にとっての「薬箱」のような人なのです。

ただしその分、孤独にはめっぽう弱いはず。常に人を基準にして動くため、一人になると何をしたらいいかわからず、ただ家でボーッとしていたり、メールなどで絶え間なく誰かと連絡を取り合っていることも。

また身内びいきが強く、自分とは無関係と思った相手をとことん無視したり、人とは思わない態度を取ったりすることもあります。人間関係が狭い範囲で固定化しやすいので、苦手な人とも積極的につき合うようにしたほうが、世界が広がるでしょう。

Disseminating Moon

人生で訪れる幸運

晩年になるほど後輩に慕われる

欠けていく月であるディセミネイティングムーンタイプは、「余計なものをそぎ落とす」という力を持っています。雑多な情報をふるいにかけて整理したり、核となる部分を抽出するのが上手。また共感力が高く、何事も頭でロジカルに理解するというより、対象に感情移入して一体化することですべてを理解します。

この二つの能力を併せ持つディセミネイティングムーンタイプは、素晴らしい「教え上手」。自分が得た知識や経験から法則を見出し、マニュアル化することができます。そして、相手の理解力に応じてわかりやすく説明することもできます。そのため教師やカウンセラー、マネージャー的な職にやりがいを感じるはず。

個人が得る名声は一時のこと。でも「教える」行為を通じて次世代に受け継がれた自分の経験や思想は、永遠に生き続けます。言ってみればこのタイプの人は人生の後半になるほど、教えを請う若者に慕われる性質を持っています。晩年には自分がしてきたことの「実り」を見て、幸福に包まれるでしょう。

Disseminating Moon

やりがいを感じられること

すべてが円滑にいくよう心を配る

業種や職種を問わず、どんなジャンルの仕事に就いても、才能を開花させられるのがディセミネイティングムーンタイプの人です。なぜなら、人の求めるものを先回りして差し出す能力は、あらゆる仕事で高く評価されるから。表立って活躍するというよりも、皆が気づかないところで重要な働きをしていることが多く、実はこの人がいるからこそ、すべてが円滑に機能しているでしょう。「ここで自分は必要とされている」という実感を抱けるなら、そこが「天職」となります。

また、とても高い共感力を持っているのも特徴で、この人がいる場は、いつも和やかで笑いが絶えません。困っている人がいたらさっとサポートします。心を閉ざしている人の心を開くのも上手なので、職場のムードメーカーとして重宝されているでしょう。

ただし精神的に幼いと、愚痴や悪口など負の感情を共有することで一体感を得ようとする傾向があります。そうした結束は、結局何も生まないもの。あなたの愛をネガティブな感情で濁らせないようにして。

ディセミネイティングムーンに幸運を呼ぶ六つの鍵

1 負の感情とは距離を置く

他人の感情に影響されやすいところがあるため、ネガティブ思考な友達と行動を共にするとそれに染まってしまいます。怒り、不安、焦り、孤独など負のオーラを出す人とは距離を置くか、うまく会話をそらすようにしましょう。

2 規則正しい生活をする

欠けていく月の期間に生まれた人は「そぎ落とす」作用により、疲れると外見がげっそりしやすい傾向があります。無理をせず、規則正しい生活をキープして。またメイクや表情、ファッションは優しげなイメージのものにすると好印象に。

3 遊び心を発揮する

気づけば決まった世界の中だけで生きがちなディセミネイティングムーンタイプ。予定調和な日常を抜け出す工夫をしてみて。帰り道にふらっと遊びに行ったり、初対面の人にも話しかけてみたり、流行を少しプラスした装いも吉。

ルナーシンボルでわかる あなたの秘めている才能

19 Lunar Symbol 音楽の教師

あらゆる場に調和と喜びをもたらすことができる人です。工夫と努力の才能を秘めていて、限られた条件下であっても、素晴らしいものをクリエイトすることができるでしょう。音楽に携わることで運が上がります。

20 Lunar Symbol 泉

純粋で人を疑うことのない、清らかな心を持っている人です。他人の喜ぶ顔を見ることが生きがいで、この人の元には多くの人が集まってくるでしょう。なかなか表に出しませんが、実はとてもロマンティックな一面があります。

※ P32で出したルナーシンボルのところを読んでください。

種蒔きの月

4 種から植物を育てる

「種蒔きの月」の名の通り、種から植物を育てることは最高のラッキーアクション。日々の成長を観察していると、大切なことに気づくはず。また、その植物の存在が寂しがりな心を満たしてくれるため、精神安定作用もあるでしょう。

5 「教える」役を引き受ける

ディセミネイティングムーンタイプは「教える」役を買って出た時に本領を発揮します。面倒くさがらずに進んで引き受けましょう。そのプロセスを通じて、眠っていた才能が目覚めます。自分に自信を持ちたい時には黒を身につけると幸運。

6 得たものをシェアする

「分かち合い」精神を持つことが運を上げます。ちょっとしたお土産を買ってきたり、耳寄りな情報を教えたりして、周りの人と喜びを分かち合うよう心がけましょう。独り占めや早い者勝ち、ズルは運を下げる行為なので気をつけて。

21 Lunar Symbol 聖堂

「この人に頼りたい」と思わせる大らかで荘厳なオーラの持ち主。この人には素を見せられると感じさせるため、悩みを相談されることも多いでしょう。そうした人の心に寄り添い、救いをもたらすことで、運が開けていきます。

22 Lunar Symbol 知恵の蛇

政治的な手腕に優れており、一時の感情に振り回されずに大人の判断ができる人です。きちんと損得を計算した上で決断を下すことができるので、失敗することがありません。こっそりと策略を練っていることも……。

半分は闇の中、憂いに満ちた月

【サードクオーター】

無力感と使命感の狭間で揺れ動く人

一度は満ちた月が、じわじわと欠けていき、その半分を闇の中に隠した状態、それがサードクオーターです。日本語では「下弦の月」。同じ半月でも、これから満ちようとするファーストクオーターとは違い、しっとりとした大人の落ち着きを感じさせます。

このタイプの人が地上に生まれた時、こんな月が空に昇っていました。そのためとても奥ゆかしく、憂いを帯びたアンニュイな雰囲気を持っているかもしれません。ルネーション的に言えば、太陽が示す「意識」が再び、月の意味する「無意識」の世界へと戻っていくプロセスです。光と影が拮抗している状態ですから、二面性があります。しかもここから暗闇の領域が増えていくので、急に無力感や不安感に襲われることが多いかもしれません。それでも一度「満ちた」経験をしているため、「これは自分がやらなければならない」という使命感に突き動かされ、何度でも立ち上がるでしょう。

このフェイズを女性にたとえるなら、社会で地位を確立している女性。経験に裏打ちされた確かな知恵を持っており、人々の尊敬を集めています。そして自分の置かれている立場を理解し、世の中のためにすべきことをしていこうという意志があります。

この生まれの人も、個人のレベルを超えて社会のために何かしたいという使命感を持っています。「自分には無理かもしれない」「でもやらなければ」……そんな逡巡を繰り返しながら一歩ずつ歩みを進め、確実に何かを成し遂げる人なのです。

この人の光 Third Quarter

現実の中で確かに力を行使する

占星術において月は無意識、太陽は意識を表します。満ち切った月の光が、少しずつ衰えていくということは、過剰な自意識が収まり、身の程をわきまえる、置かれている立場を自覚するといったニュアンスになります。これは決して悪いことではありません。

例えば「スーパーマンになりたい」という子どもの頃の夢をいつまで追い続けたとしても、なかなかそれが実現することはないでしょう。どこかで「自分はスーパーマンにはなれない」と自覚し、夢をリサイズすることが必要です。例えばスーパーマンではなく、消防士になることで、「人を助ける」という当初の夢を実現できるケースもあるはず。

サードクオータータイプは、生まれつきそれができる人です。自分の力がどれほどなのか、冷静に見極め、その上で「自分にできること」を確実に成し遂げていくでしょう。そのため仕事面ではとても有能で、着実に評価を上げていきます。その結果、社会に大きな影響力を持つ存在になる可能性が高いのです。

この人の闇 Third Quarter

突然、何もかもが嫌になる

下弦の月は、光と闇のコントラストがはっきりとしている状態です。何かに一心に取り組み、頑張っていればいるほど、その反動で強い不安感に駆られる傾向があります。しかもそれは「明日はどうなるだろう」といった表層的なものではなく、人間の本質に迫るような根源的な不安です。

このタイプは気づくと「人はなぜ生きるのか」「自分は何のためにいるのか」といった哲学的な思考にはまり、なかなか抜け出せなくなります。そうして己の無力さを感じ、「どうせ何をしても無駄」「自分はこの程度の人間だ」などとすべてを投げ出したくなったり、ある日突然、逃避行したりするのです。また皮肉っぽい言動が増えて、他人のやる気を削ぐようなことをする場面が多くなるかもしれません。

一度、その思考のループに閉じこもってしまうと、なかなか出られなくなります。強く引っ張り上げてくれる友人やパートナーを一人でも作ること。それが人生を安定させる秘訣です。

求める愛の形

Third Quarter

人間性を認め合えるような関係

若いうちは周りの恋多き友人と比較して、「それに引き替え自分は……」と落ち込むことが多いでしょう。でも20代以降は一変。このタイプの魅力は年を経るごとに高まっていくからです。とりわけ社会的に地位ある人に見出される可能性が高いでしょう。

このタイプは早婚か晩婚か、極端になりやすい傾向があります。最初につき合った人とそのまま早々にゴールインするか、そこで踏み切らなければしばらくは仕事に熱中し、なかなか次の結婚のチャンスがないかもしれません。でもそれで正解です。このタイプは生涯、仕事や趣味などを通じて社会と関わりながら生きていく使命を持っています。そのため合コンや婚活など恋愛・結婚ありきの出会いの場には、違和感を覚えやすいですし、そこで結ばれたとしても後に価値観の相違が生じる可能性が高め。むしろ仕事がらみで出会った人に、その才能を認められて始まるような恋のほうがうまくいきます。焦らず、自分の道を邁進すれば、必ずベストパートナーと巡り合えるはずです。

人と関わる際のスタンス

Third Quarter

一人で思索することで成長

深い内面を持っているサードクオータータイプは、同世代の友人たちに比べると、圧倒的に精神年齢が高いのが特徴です。若い頃から分別があり、大人びた考え方をしているため、ミーハーな友人とは話が合わないと感じることが多かったはず。その結果、誰にも本音を言えず、孤独を感じやすかったかもしれません。

でも大人になってからは、この期間に味わった苦しみや葛藤が「持ち味」となって生きてきます。社会に出て年の離れた人と会話をすると、その思慮深さを高く評価されるでしょうし、年下の人からは、「頼りがいのある先輩」として教えを請われることが増えるはず。そこから人間関係全般がグッと多彩に、おもしろくなってくるでしょう。

ただし、人を鬱陶しく感じると、一人になりたがる傾向はその後も続きます。それでも孤独に逃げ込まず、人と思いを共有する時間を設けましょう。特に何かを語り合わなくても、同じ趣味に取り組むだけでもかまいません。それだけで心が安定します。

Third Quarter

人生で訪れる幸運

早めに試練をクリアし、実力発揮

サードクオータータイプの人は、10代～20代前半までの間は恋も仕事も人間関係も、周囲からプレッシャーをかけられるような状況になることが多く、「どうして自分ばかり」と感じやすいでしょう。また他人と自分を比べて、自信を失いやすい傾向も。

でもそれは他の人が、もう少し後になってから経験する試練を、誰よりも先に片づけてしまっただけ。特に20代後半に入ってからは、人生がぐんと楽になってくるのを感じるでしょう。どんな困難な問題も今までの経験の応用で解けるようになっているはず。何が起きても動じない貫禄も備わっているので、人に頼られることも増えてきます。

いわば、典型的な大器晩成型なのです。サードクオータータイプは決して試練から逃げず、そこから確かに何かを学び取り、自分の知恵や実力に変えていきます。いつしか、すべての試練は「自信」をより強く輝くものにするための研磨剤だったと気づき、困難に負けなかった自分自身を誇りに思う時がくるでしょう。

Third Quarter

やりがいを感じられること

社会で自分自身の力を振るう

サードクオーターの生まれの人は「自分は一生、働き続ける」という意志を持つことが大切です。必ずしも仕事とは限らず、作品などを発表することかもしれません。いずれにしろ社会に自分を打ち出し続けることになるでしょう。たとえ結婚して家庭に入ったとしても、必ずその欲求が出てくるはずです。なぜならサードクオータータイプは全タイプ中で最も強い仕事運を持っています。それをくすぶらせたまま生きていると、人生全般がつまらなく感じるのです。

若いうちは理想と現実のギャップに苦しみ、「こんな雑用に何の意味があるのだろう」と感じ、職を転々とすることも……。でもこのタイプは修行を終えて一人前になってから、あるいは会社なら役職がついてからが勝負です。たくさんの人を動かすような大きなプロジェクトに関わったり、その道の大家として名を馳せる可能性も高いでしょう。そこまでは腐らずに下積みを続けること。医師や弁護士、研究者といった、長期間の学びが必要な仕事は特に向いています。

サードクオーターに幸運を呼ぶ六つの鍵

1 若さを追い求めない

「若さ」をよしとする風潮に合わせたファッションやメイクをするのは、このタイプの人の魅力を殺してしまいます。年相応、むしろ少し上に見えるような装いを心がけたほうが貫禄がアップ。深みのあるこげ茶が幸運色です。

2 おもちゃではなく本物を

チープなものをいくつも買うより、「本物」を一つ手に入れたほうが、このタイプの人の運が上がります。またサードクオータータイプは、生まれつき良質な肌を持っています。スキンケア用品はいいものを使い、さらに磨きをかけて。

3 不要なものを入れない

月が欠けていく時期の生まれのため、サードクオータータイプは代謝がいいのが特徴。にもかかわらず肌荒れや便秘などに悩まされるなら、何かが乱れているサイン。不要なものを摂取しないこと、毒素をためないことを心がけて。

ルナーシンボルでわかる あなたの秘めている才能

23 Lunar Symbol 女王

そこにいるだけで、他者を圧倒するような威厳のある人です。この人の発言には不思議な影響力があります。そのため自分が一切、手を下すことなく人を動かすことができるでしょう。その力を皆のために使うことで、運が開けます。

下弦の月

4 「笑い」を取り入れる

ともすると暗い気持ちに支配されたまま、何日間も過ごしてしまいがちなサードクオータータイプ。そこで意識して「笑う」ようにしましょう。お笑い番組やコメディー映画を観るのでもOK。笑うことで、心に風が入ります。

5 毎日、根菜を食べる

気持ちが揺れ動きやすいサードクオータータイプ。心を安定させるためには根菜を毎日摂るようにするといいでしょう。大根、人参、里芋など、ぜひ必ず1品は取り入れるようにして。燻製もこのタイプのラッキーフードです。

6 年の離れた人と接点を持つ

サードクオータータイプの人の魅力は、同世代の人にはなかなか伝わりづらいところがあります。そこで年の離れた人、あるいは何らかの肩書がある人と接点を持ちましょう。きっとそのよさを見抜いてくれるはず。

24 Lunar Symbol ピラミッド

日々、コツコツと何かを継続するうちに、大きなことを成し遂げる力を持っている人です。壮大なプランも的確に采配し、スムーズに進める手腕もあります。伝統、年長者など年月を重ねているものに価値を見出し、憧れを抱くでしょう。

25 Lunar Symbol 虹

自分とは異なる価値観を持つ人を、柔軟に受け入れる心の広い人です。人と人との間に橋を架ける力もあり、たくさんの知り合いに恵まれるでしょう。この人のいる場所は楽しそうな雰囲気が漂っているため、自然と人が集まります。

※ P32 で出したルナーシンボルのところを読んでください。

今まさに姿を消そうとする、儚い月

【バルサミックムーン】

Balsamic Moon
鎮静の月

物事の理《ことわり》を受け入れ、静かにたたずむ人

満月を迎えた月が、どんどんその姿を消していきます。闇の中に消え入る寸前、うっすらと儚い弧を描いている状態の月、それがバルサミックムーンです。

このタイプの人は、そんな神秘的な月が空に浮かんでいる時に生まれました。「バルサム(Balsam)」は「鎮静」という意味。月の満ち欠けの周期の最終段階であり、一連のプロセスを経てきた心を静かになだめる段階です。ルネーション的に言えば、太陽が示す目的意識が、月の表す無意識の領域に溶け出し、爪痕のようにわずかに残っている状態です。

1日にたとえるなら太陽が昇り、日中に明朗な意識で活動し、日が落ちた後に眠りにつき、無意識の世界に旅立っていこうとする直前をイメージするとわかりやすいでしょう。そのためこの人は「こうしたい」といった個人的な欲求はあまり強くないかもしれません。むしろすべてを手放し、もっと大きなものに身を委ねようとしています。

このフェイズを女性にたとえるなら、人里離れた場所に暮らす巫女。社会とは違うルールで生きていて、他の人には見えていない「何か」と交信しているイメージです。普通の人には見えないもの、感じないもののほうがリアリティーがあり、安心するでしょう。

一度は「満月」という完成を体験した月ですから、自分の利益を追い求めることにはそれほど興味がなく、若い頃からどこか達観していて、落ち着きがあるはず。老賢者のような知恵を持ち、それを人のために役立てていく人なのです。

この人の光 Balsamic Moon

あらゆる境界を取り除く

バルサミックムーンは、光り輝く意識の世界から深遠なる無意識の世界へ入り込んでいく狭間の段階です。そのためこのタイプの人は、意識の境界線が曖昧になりやすいところがあります。普通に暮らしていても夢の中にいるようなふわふわした感覚があり、現実感が薄いかもしれません。また自分と他人の境界線も曖昧で、他人の心の痛みを自分のことのように感じることもあるでしょう。

人間は垣根を取り除き、何かと一体化することに喜びを覚えます。映画でも音楽でも、何かに感動する時はその物語に入り込み、同化しているもの。誰かとわかり合う経験や、例えばセックスもそのうちの一つ。

言ってみればバルサミックムーンの人は、そうした幸せを最も感じ取りやすい人と言えるのです。また同じように、その幸せを他人に与えることができる人でもあります。揺れやすく、確固とした自分を持てないことに、自信を失うこともあるかもしれませんが、このタイプの人はその点が魅力なのです。

この人の闇 Balsamic Moon

心の暗い部分を目の当たりに

バルサミックムーンは、月の満ち欠けのプロセスで言えば、ここまでの経験を振り返る段階。それゆえ、この生まれの人は、人よりも内省する時間が多いかもしれません。1日の最後に「あの時、こうすればよかった」と振り返るように、これまでの人生について、常に反省を繰り返しているでしょう。

闇の領域が広がっていく段階でもありますから、当然、自分の中にある、暗く光の当たっていない部分と向き合うことも増えてきます。嫉妬や不安、憎しみやいら立ち、いつか負った心の傷など、それを目の当たりにすることは苦しみや痛みを伴うかもしれません。

ただし暗い部分は必ずしも「悪」というわけではありません。もしも、すべてが明るく陽気なものだけでできていたら、世界はつまらないものになるでしょう。月だって満ち欠けするからこそ、これほどに人間の心を魅了するのです。自分自身の心の陰影から目を背けず、見つめ続けること、それによって人間の深い部分を理解することがこの人のテーマです。

求める愛の形

Balsamic Moon

ときめいた数だけ恋をする

バルサミックムーンタイプにとって、人生に恋はなくてはならないもの。常に誰かに恋をしていると言っていいでしょう。誰かを「素敵だな」と思う気持ちが、人生の原動力になるのです。

そのため素敵な人が複数いれば、同じように好意を抱きます。別れた恋人に対しても、よほどのことがなければ情を持ち続けるため、ズルズルと関係が続いてしまったり、結果的にいくつもの恋を同時進行することもしばしば。でも、本人からすれば決していい加減ではなく、どちらも真剣に「好き」なのです。こうして複雑な恋愛模様を描くこともよくあります。

相手の気持ちに自ら寄り添っていく力が高いため、どんな人と結婚しても、相手のいいところを見つけ、好きになっていくことができます。お見合い結婚にも向いているでしょう。ただ相手が感情を見せることを好まない相手だと、寂しい思いをしがちになります。その点だけしっかり見極めれば、幸せな結婚生活を送ることができるはずです。

人と関わる際のスタンス

Balsamic Moon

無意識のうちに相手に合わせる

動作や雰囲気は決して派手なほうではないのに、人の興味を引くバルサミックムーンタイプ。大人と子ども、両方の顔を持ち、つかみどころがないところが「本当の姿を知りたい」と思わせる魅力となっています。

なかでも自然と人に「合わせる」ことができるのは、このタイプの人の素晴らしい能力。自分ではそのつもりはなかったとしても、鋭い洞察力で相手の心を読み取っており、初対面から「気が合う」と感じさせるような振る舞いができるのです。ちょっと煙たがられているような相手にも平等に接するでしょう。

ただ自分の意見を持つのが苦手で、相手に応じて言うことが変わるため「信用できない人」と思われてしまうことがあります。何にでも同調するのではなく、自分なりの意見を持つようにすることで、人間関係は大きく変わってくるでしょう。また場のムードに影響を受けやすいので、いい環境に身を置くことも大切。愚痴や陰口ばかりの場所にいると、向上心がなく、ネガティブな雰囲気に染まってしまいます。

Balsamic Moon 人生で訪れる幸運

不思議な「予感」に導かれる

無意識の世界とのつながりが濃いバルサミックムーンタイプは、そこから様々なインスピレーションを受け取ることができます。何か一つ、自己表現の手段を持っていれば、多くの人々の心を揺さぶる作品を生み出すことができるでしょう。全タイプ中、最もアーティストとして成功する可能性が高い人です。

またこの能力は日常でも発揮されます。例えば「ピンとくる」「何となく嫌な感じがする」といった、言葉にならない予感。人間は日々、何気なく見聞きしたこと、考えたことなど、「言葉にならない情報」を無意識の中に蓄積します。そしてそれが外界の物事と符合した時に、パッと答えが「わかってしまう」ような感覚を抱くことがあるのです。このタイプの人はこうしたことが人よりも起きやすく、それによって幸運を手にしたり、トラブルを未然に回避できたりします。

もっと活用したいなら、何か一つ、占いをマスターするといいでしょう。特にタロットカードはおすすめ。無意識からの様々な情報を引き出しやすくなります。

Balsamic Moon やりがいを感じられること

自分が「いい」と思うものを広める

バルサミックムーンタイプの共感力は、仕事においても素晴らしい武器になります。営業や販売など、相手の心に寄り添い、動かすことが鍵になる職業では、ずば抜けた成績を収めるでしょう。特に自分が心から「いい」と思えるものを売る時、あるいは「自分がしていることは絶対に人のためになる」という信念を持って働けている時は、驚くほどの強さを発揮します。

ただしノルマが厳しいなど「やらなければ」という状況に追い込まれたり、相手を多少なりとも「騙す」必要があったりするなど、いやいや仕事をしなければならない状況だと途端に力を出せなくなります。また相手の身になって考えてしまうため、お金の交渉事などで強く出られない、ということも起こりがち。

つまり自分の気の持ちようが大事であるということ。少しの迷いもなく、やりがいを持って取り組める仕事に巡り合えたなら、これほど成功する人はいません。そのために転職を繰り返したとしてもかまいません。自分の心に一番しっくりくる仕事を探して。

Balsamic Moon

バルサミックムーンに幸運を呼ぶ六つの鍵

1 願いを明確にする

無意識の世界とのつながりが強いバルサミックムーンタイプは「願いが叶いやすい」という特徴があります。ただし漫然と思っているだけではダメ。紙に書き出すなど、しっかりと明確にすることが成就のポイントです。

2 指針となる人を持つ

このタイプの人は現実感覚が希薄になりやすいため「道に迷いやすい」傾向があります。これは実際の道だけでなく、人生の道も同様。そのため「迷ったらこの人に意見を聞く」という、人生の指針になってくれる人が側にいると安心です。

3 ギャップで魅了する

バルサミックムーンタイプは、変幻自在なところが魅力。いろいろなテイストのファッションを楽しむようにしましょう。特にギャップ作りを意識して、一人の相手にいろいろな表情を見せるようにすると人気がアップします。

ルナーシンボルでわかるあなたの秘めている才能

26 Lunar Symbol ヴェイル

ヴェイルでその表情を覆い隠すように、謎めいた魅力を持っている人です。占いやスピリチュアルなことに惹かれやすく、実際にそうした能力が高め。未来や人の気持ちがパッとわかってしまうようなことが多いでしょう。

27 Lunar Symbol 洞窟

なかなか感情を表に出さないクールなタイプですが、知れば知るほど奥深い魅力を隠し持っている人です。「真実を知りたい」という情熱を持っていて、人知れずコツコツと探求しているでしょう。精神世界への造詣も深め。

※ P32 で出したルナーシンボルのところを読んでください。

4 スピリチュアルなことを学ぶ

占いや精神世界にまつわることに惹かれやすいバルサミックムーンタイプ。前世、瞑想、ソウルメイトなど、気になるキーワードについて調べてみましょう。そこから芋づる式に興味が広がり、重要なヒントを得られるかもしれません。

5 水に身体を浸す

このタイプは水と深い縁を持ちます。そこでシャワーだけで済ませず、ぜひバスタブに全身を浸すようにして。それだけで感情が解放され、ストレスが減ります。温泉やプール、海に行くのもおすすめ。マリンブルーも幸運色です。

6 好きなものを追いかける

バルサミックムーンの人は、好きなことを追いかけている時に素晴らしいパワーと魅力を発揮します。無気力な日々を過ごしているのなら、何か一つ「大好き」と思えるものを見つけて。そこから人生がガラッと変わっていくはず。

鎮静の月

28 Lunar Symbol 魔女

あらゆる常識や倫理に縛られない、独特の存在感を持っている人です。とはいえ孤立することなく、絶妙な距離感で人とつき合うでしょう。直感が鋭く、まるで魔法のように次々と願いを実現させる不思議な力を持っています。

29 Lunar Symbol 宇宙卵

素晴らしい可能性を秘めている人です。今は何も成し遂げていなかったとしても、これから成長するに伴い、大きなことを達成するでしょう。ただし傷つきやすいところがあるので、自信と情熱を消さないようにすることが大切。

Column【コラム】

そのアスペクトは満ちていく？　欠けていく？

日本に「ルネーション占星術」を紹介したのは、僕が最初だったのではないでしょうか。1980年代には女性誌で特集を組み、また1992年には『ルネーション占星術』（共著／小泉茉莉花　大陸書房）という本を出しています。

実はルネーション占星術の考え方が生まれたのは、占星術の長い歴史から見ればごく最近のこと。最初に本として世に出たのは、1944～5年にアメリカの占星術研究家ディーン・ルディアが記した『ルネーション・バースディ』でした。そして1967年にそれをアップデートした『ルネーション・サイクル』という本が出ました。つまりここ数十年のことです。これを契機に「月の満ち欠けに注目する占星術」としてルネーション占星術の技法が広まっていったのです。

ルディアは心理学者であると同時に、オカルティストでもあり、ヒューマニック・アストロロジー（人間性占星術）、サイコロジカル・アストロロジー（心理学的占星術）のパイオニアの一人です。サビアン占星術を広めた人物であると言えば、占星術がお好きな方はピンとくるかもしれません。

彼の占星術の発想は「あらゆるものを〝サイクル〟という観点で見る」ということがベースになっています。月の相は、地球から見た太陽と月の角度によって決まります。これは占星術においては「アスペクト」と呼ばれます。アスペクトは基本的にシンメトリーです。

例えば牡羊座の10度から見た時に、獅子座の10度、射手座の10度はいずれもトライン（120度）となります。しかしルディアはこれをサイクルで考えます。つまり「満ちていくトラインなのか（120度）」「欠けていくトラインなのか（270度）」ということを重視するのです。こうしたイメージがきっと「ルネーション・サイクル」というアイデアに結びついたのでしょう。

またそれ以前に、月の満ち欠けに注目した人物がいます。それはアイルランドのノーベル賞詩人、ウィリアム・バトラー・イェイツ。占いやファンタジーが好きな方なら、どこかで一度は名前を耳にしたことがあるはず。失われていたケルト文化復興の立役者となった人物なのですが、実は神秘思想家であり、秘密結社「黄金の夜明け団」の一員でもありました。

そのイェイツがルネーションに注目していたのです。当時、イェイツの妻は心霊術に凝っていて、彼女が自動書記（トランス状態で霊を降ろし、メッセージを書き留める方法）でしたためた文書をもとに『ヴィジョン（幻想録）』の執筆を行います。この中で主観と客観、その領域の大きさを月の相と重ね合わせることで、人間のパーソナリティーは28パターンに分けられる、という考え方が提案されています。ただし、これは「その人の出生時の月によって導き出されるもの」ではなく、月相を純粋に象徴として用いています。

いずれにしろ、月の満ち欠けと心の光と闇を重ね合わせるイメージは、19世紀を代表する一大詩人の心も大きく揺り動かしたのでしょう。

3 月と運命

モイライ（運命の三女神）は
月の力と言われる

ポルフィオリス
新プラトン主義の哲学者・4世紀

人生の「運の波」は、潮のように満ち干《ひ》する

第2章では、あなたが生まれた日の月の形から、パーソナリティーの分析を行ってきました。ここからはその月がどのように満ち欠けしていくか、つまり、あなたがどのような人生を歩むのかを読み解いていきます。

あなたの人生は、今どんな状態にあるのか。過去にどんなプロセスを経てきて、これから先の未来はどうなっていくのか。月の満ち欠けになぞらえて、自分のライフサイクルの意味を考えていく、とてもドラマティックな試みと言えます。

ここでは「ルネーション」の他に、占星術の未来予測技法の一つである「プログレス法」も組み合わせて見ていきます。「プログレス法」は日本語では「進行法」といいますが、プログレス法にも多様な方法があり、ここで紹介するのは「セカンダリー・プログレッション」と呼ばれるものです。これは実際の1年は象徴的に1日に対応すると考えて、星をゆっくりと動かしていく技法。地球の1自転（1日）が、1公転（1年）に相当すると考えます。例えばその人の20歳の時の運勢や心の状態は、生まれてから20日後の星の配置が示している、ということになります。

初めて聞く人は「そんなことがあり得るのか」と思うかもしれません。でもこれは「体内時計のようなもの」と考えてみるといいでしょう。リアルタイムで動いている星から、その時々に受ける影響とは別の次元で、あなたの成長に伴う意識の発達、心の変遷が、月の満ち欠けというシ

ンボリックな形で表現されるようなイメージです。
人の心の動きは、それほど目まぐるしく変化するものでもありません。心の大もとのところではゆっくりと、それこそ月が少しずつ形を変えていくように、変化していくものだということが、年を重ねるにつれて実感としてわかってくるはずです。

月の満ち欠けの周期はだいたい29・5日。生まれた時から約30日後に同じ形に戻ってきますが、「プログレス・ルネーション」でいうと、30年後に出生時と同じ月相になります。つまり人間は約30年サイクルで、人生の「満ち欠け」を体験しているということになります。その過程では左のような八つのフェイズを通過します。

1 人生の約30年サイクルの始まり…………「ニュームーン期」
2 不安と戦いながら学び、土台固めをする…「クレセントムーン期」
3 可能性を広げるべく、行動を起こす………「ファーストクオーター期」
4 完成を目指し、ゴールへ向かう……………「ギバウスムーン期」
5 あらゆるものが満ち、成就を味わう………「フルムーン期」
6 得たものを他人と分かち合う………………「ディセミネイティングムーン期」
7 「人のため」に自分の責任を果たす ………「サードクオーター期」
8 不要なものを手放し、身辺の整理をする…「バルサミックムーン期」

あなたの人生は今、果たして満ちようとしているのでしょうか？　あるいは静かに欠けていき、次の始まりに備えようとしているのでしょうか？

早速、「プログレス・ルネーション」で見ていきましょう。

また今回は、月のフェイズと、あなたの人生のリンクをよりわかりやすく視覚化するために「人生年表」を書き込むページも設けています（96ページ）。まずは自分が生まれてから今まで、そして未来のプログレス・ルネーションを割り出してください（ここではスペースの関係上、89歳までになっていますが、これは寿命を表すわけではありません）。

そしてその結果を「人生年表」に書き込んだら、過去に自分の身に起きた出来事や感情を思い出したり、未来の予定を書き込んだりしてみてください。

やはり「ニュームーン期」や「フルムーン期」は、非常に重要なターニングポイントになっていることがわかるはずです。

このワークは、一つの出来事に別の側面から光を当ててくれます。つらい出来事だったと思っていたことが、実はとても意義深い体験だったと思えるようになったりもするはず。

また自分の人生が何の脈絡もなく過ぎているわけではなく、そこに何らかの連続性があったり、あなただけの「物語」が存在しているのが見えてくるでしょう。

～占星術を詳しく学んでいる人へ～

これは西洋占星術をより深く勉強している方向けですが、このプログレス・ルネーションは、プログレッション・チャートの太陽と月の相関関係を示しています。ここでは30年のサイクルだけで見ていますが、プログレスの太陽・月が形成する新月・満月がどのハウスで起こるのかにも注目してみるといいでしょう。また出生時から約30年経てば、生まれた時と同じ相に月が戻ってきますが、この時、ハウスはだいたい一つ進行しているはずです。その点にフォーカスしてみたり、各年、プログレスの月や太陽が出生時の天体とどんなアスペクトを組んでいるか、といったことも見ていくと、見慣れているチャートの中に新たなシンボルが見つかるかもしれません。

ルネーションはシンプルな占いだと思われがちですが、その背景には、月の満ち欠けのようにダイナミックでリズミカルな世界が広がっています。西洋占星術をたしなんでいる人も、この技法をツールボックスの中に入れておくと、同じチャートを今までとは違う視点からひもとけたりするかもしれません。

「プログレス・ルネーション」の出し方

月の階段は、1年に1段だけ上ることができる

人生を月の満ち欠けになぞらえたら、今のあなたはどんな段階にあるのでしょう?「プログレス・ルネーション」では、1年をかけて月相が推移していくと考えます。らせん状になっている「月の階段」を1段ずつ上がっていくようなイメージでとらえるといいでしょう。

この占いのおもしろいところは、今現在だけでなく、過去や未来についても調べることができる点。過去に印象的な出来事があった年について調べたり、ふさわしい時期にふさわしい行動を起こすよう、未来の予定を立ててもいいでしょう。

出し方

① 28ページで割り出した、あなたの「ルネーションナンバー」のところに「0歳」と書き入れます。

②反時計回りに順番に「1歳」「2歳」……と年齢を書き入れていってください。「29歳」まできてちょうど円を1周したら、外側の円に移り、同じように「30歳」から「59歳」までの年齢を書き入れましょう。1周したら、さらに外側の円に移り、「60歳」から「89歳」まで記入してください。

③これが各年齢の運を表す「プログレス・ルネーション」です。どの年齢の時にどのルネーション期に該当するのか、いつルネーション期が切り替わるのかをチェックすることで、未来に起こる出来事を予測することができます。また印象的な出来事があった年齢のルネーション期を調べることで、起きたことの意味を理解することができるかもしれません。

0～3	ニュームーン期
4～6	クレセントムーン期
7～10	ファーストクオーター期
11～14	ギバウスムーン期
15～18	フルムーン期
19～22	ディセミネイティングムーン期
23～25	サードクオーター期
26～29	バルサミックムーン期

【プログレス・ルネーション】

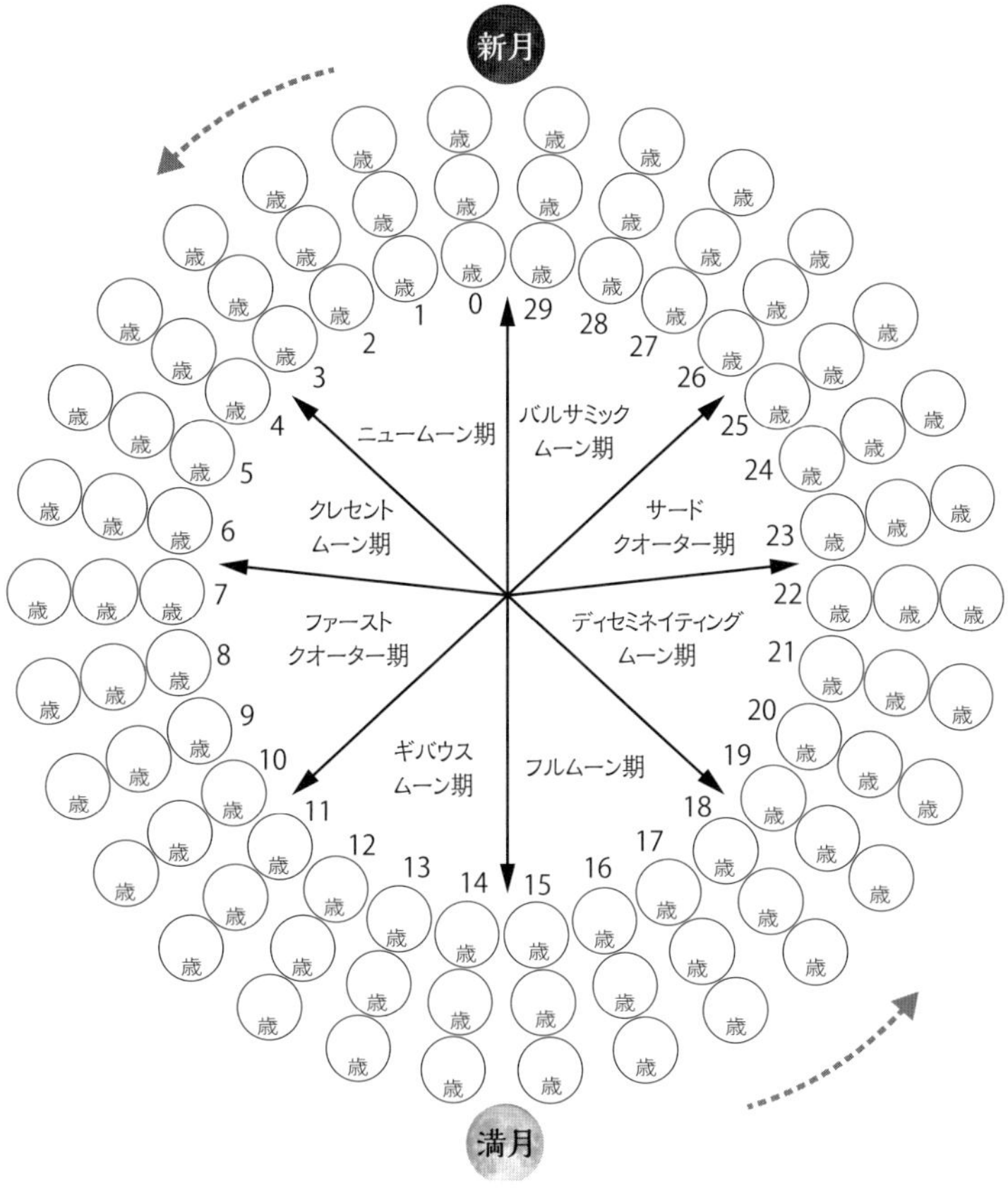

だいたい3～4年ごとにルネーション期が切り替わります。またどんな人も30年で必ず出生時のルネーションナンバーに戻ります。つまり月の満ち欠けになぞらえると人生は「約30年サイクル」で推移する、というふうに考えることになります。

わたしは今［　　　　　　　　期］を生きています。

次のフェイズに移るのは［　　　　　年後］です。

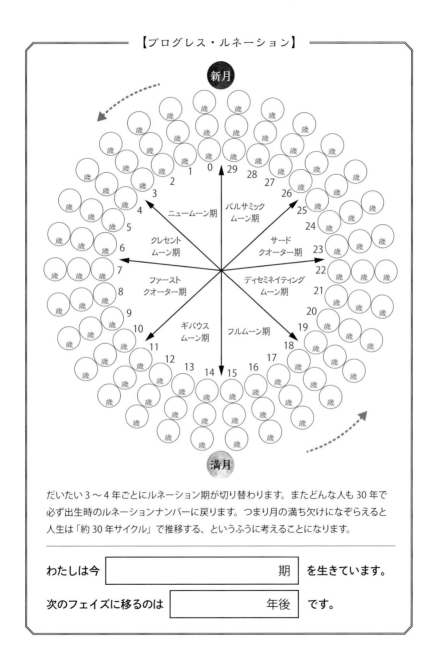

1985年6月15日生まれの場合

例1

① 30ページで出した「ルネーションナンバー」は「26」になるので、「26」の位置に「0歳」と書き入れます。

② 反時計回りに順番に「1歳」「2歳」「3歳」……と年齢を書き入れていくと、「25」に「29歳」を入れたところで1周します。そこで外側の円に移り、「26」に「30歳」を書き入れ、同様に「59歳」まで書き入れます。「25」に「59歳」を書き入れたら、さらに外側の円に移り、「89歳」まで記入して完成です。

③ この人の場合、31歳の現在（2016年時点）は、あらゆる物事を手放し、次のステージに進む「バルサミックムーン期」に当たります。新しいフェイズに移るのは34歳。ここで環境が変わったり、結婚など重要な決断を下すことになる可能性が高いでしょう。

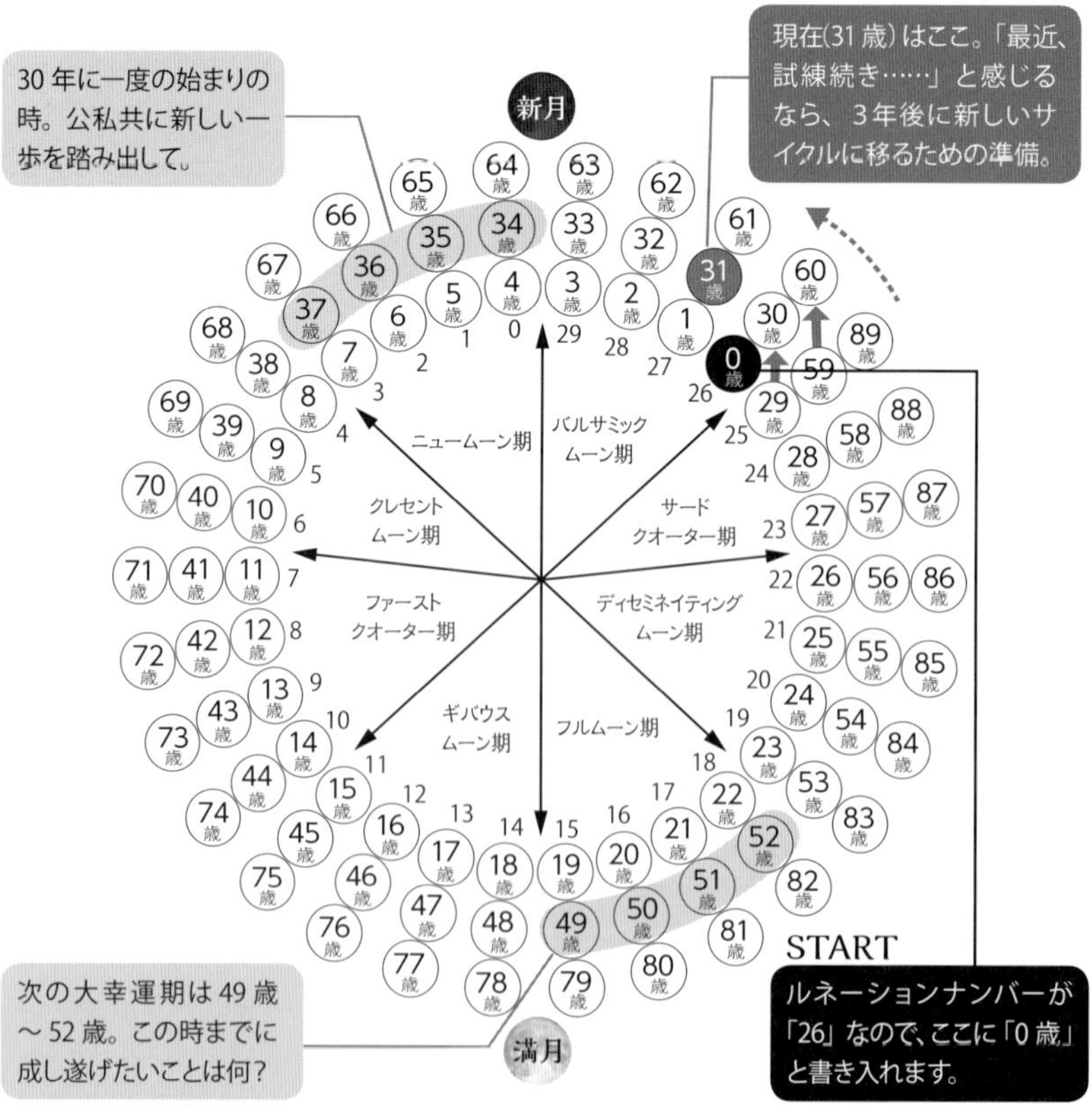

1988年3月5日生まれの場合

例2

① 31ページで出した「ルネーションナンバー」は「16」になるので、「16」の位置に「0歳」と書き入れます。

②反時計回りに順番に「1歳」「2歳」「3歳」……と年齢を書き入れていくと、「15」に「29歳」を入れたところで1周します。そこで外側の円に移り、「16」に「30歳」を書き入れ、同様に「59歳」まで書き入れます。「15」に「59歳」を書き入れたら、さらに外側の円に移り、「89歳」まで記入して完成です。

③この人の場合、28歳の現在（2016年時点）は、「ギバウスムーン期」のラスト1年。翌年から輝かしい成果を期待できるフルムーン期に突入することがわかります。

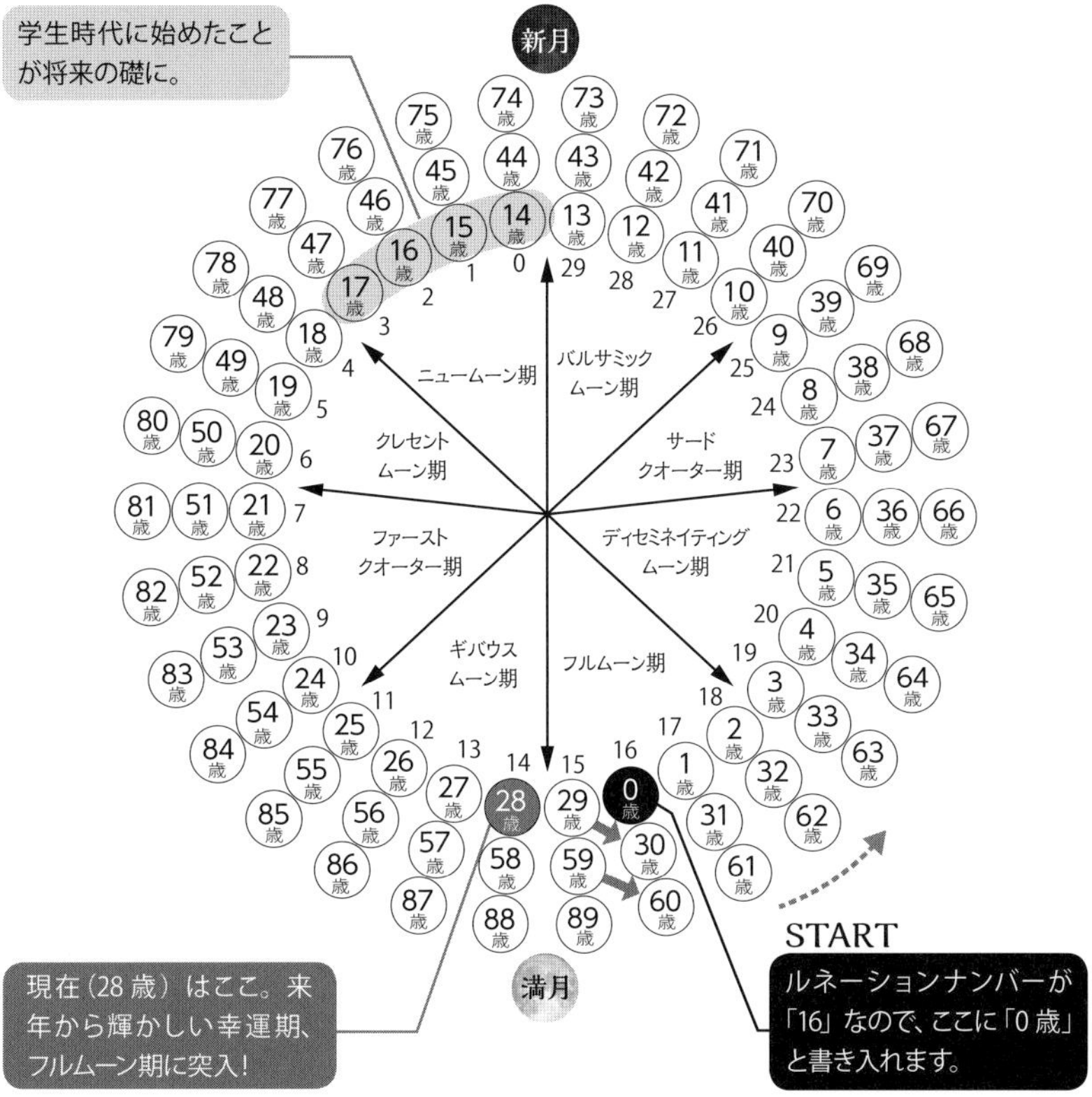

あなたの「人生年表」の作り方

92ページで出したあなたの「プログレス・ルネーション」をもとに、あなたの「人生年表」を作ってみましょう。各年齢のところに、ルネーション期を書き入れていってください。またその時に起きた出来事を思い出して、余白に書き入れてみましょう。ルネーション期の切り替わりのタイミングで印象的な出来事は起きていませんか？

また未来についても同様にルネーション期を書き入れ、何歳までにどんなことをしておけばいいか、大まかに人生の予定を立ててみましょう。

作り方

①表内の「西暦」の部分に、その年齢の西暦を書き入れます。

②「0歳」のところに、28ページで割り出した、あなたの「ルネーションナンバー」を書き入れ、順に表内を埋めていきます。
※「29」の次は「0」になります。

③92ページを参考にして、ルネーション期を書き入れます。

④各年齢の時に起きた出来事を思い出して書き入れてみましょう。思い出せることがない場合は、各ルネーション期の解説を読みながら当時の記憶を振り返ってみましょう。

例　1988年3月5日生まれの場合

① 西暦「1988」「1989」……と順に書き入れます。

②「0歳」のところに「ルネーションナンバー」である「16」を書き入れ、「17」「18」……と空いている表を埋めます。

③ 各ルネーション期を書き入れた結果、現在（2016年）は「ギバウスムーン期」。

④「ニュームーン期」にはやはり「始まり」にまつわる出来事が起きていることが明らかに。現在は「ギバウスムーン期」で現状に違和感を覚えているなら、翌年から訪れる幸運期「フルムーン期」に向けて準備を始めたほうがよさそう。

年齢	西暦	ルネーションナンバー	ルネーション期	出来事
0歳	1988	**16**	フルムーン期	出生年。丸々と太った子だったらしい。
1歳	1989	**17**		記憶はないけれど、よく笑う子だったとか。
2歳	1990	**18**		弟が生まれ、早くもお姉さんぶっていたそう。

15歳	2003	**1**	ニュームーン期	念願の高校に合格！　新しい友達が増えた。
16歳	2004	**2**		「キャラが変わった」と言われた頃。
17歳	2005	**3**		勉強を頑張って、推薦を勝ち取った！
18歳	2006	**4**	クレセントムーン期	大学進学、一人暮らしを始めて少し寂しい日々。
19歳	2007	**5**		周りと自分をに比べて落ち込むことが多かった。
20歳	2008	**6**		将来自分がどうなりたいかわからず、悶々とする。
21歳	2009	**7**	ファーストクオーター期	服飾に関する仕事をしたいと思い始める。
22歳	2010	**8**		大学卒業＆就職。一気に人脈が広がる。
23歳	2011	**9**		眠る間も惜しみ、とにかくがむしゃらに働いた。
24歳	2012	**10**		大きなプロジェクトを任された。結果はまずまず。
25歳	2013	**11**	ギバウスムーン期	何となく燃え尽き感があり、習い事を始めた。
26歳	2014	**12**		異動辞令で、本意ではない部署へ……。
27歳	2015	**13**		同僚である、今の彼氏とつき合い始める。
28歳	2016	**14**		現在。「もっと上を目指したい」という気持ちに。
29歳	2017	**15**	フルムーン期	1年後。念願だった企業への転職活動を開始したい。
30歳	2018	**16**		2年後。この時までに転職できていたら。
31歳	2019	**17**		3年後。この時までに結婚したいな。

あなたの**人生年表**（0歳～39歳）

年齢	西暦	ルネーション ナンバー	ルネーション期	出来事
0歳				
1歳				
2歳				
3歳				
4歳				
5歳				
6歳				
7歳				
8歳				
9歳				
10歳				
11歳				
12歳				
13歳				
14歳				
15歳				
16歳				
17歳				
18歳				
19歳				

年齢	西暦	ルネーション ナンバー	ルネーション期	出来事
20歳				
21歳				
22歳				
23歳				
24歳				
25歳				
26歳				
27歳				
28歳				
29歳				
30歳				
31歳				
32歳				
33歳				
34歳				
35歳				
36歳				
37歳				
38歳				
39歳				

あなたの**人生年表**（40歳～79歳）

年齢	西暦	ルネーション ナンバー	ルネーション期	出来事
40歳				
41歳				
42歳				
43歳				
44歳				
45歳				
46歳				
47歳				
48歳				
49歳				
50歳				
51歳				
52歳				
53歳				
54歳				
55歳				
56歳				
57歳				
58歳				
59歳				

年齢	西暦	ルネーション ナンバー	ルネーション期	出来事
60歳				
61歳				
62歳				
63歳				
64歳				
65歳				
66歳				
67歳				
68歳				
69歳				
70歳				
71歳				
72歳				
73歳				
74歳				
75歳				
76歳				
77歳				
78歳				
79歳				

運命は月と共に ③

Sample Reading No.3

ダイアナ・スペンサー

フルムーン生まれ

1961年7月1日生まれ。イギリスの名門・スペンサー家の三女として生まれ、20歳の時にチャールズ皇太子と結婚。その模様は「世紀の結婚」として世界中で大々的に報道された。皇太子との不仲により1996年に離婚するも、二人の王子の母として宮殿にとどまり、慈善活動に励んだ。その後も彼女の動向やファッションは常に注目の的で、パパラッチの存在に悩まされ、1997年に不慮の事故で命を落とした。「世界で最も愛されたプリンセス」と言われている。

月の王妃が歩んだ、波乱万丈な道

そもそも「ダイアナ」とは、ローマ神話の月の女神の名前です。そして彼女のルネーションタイプを調べると、フルムーンの生まれです。しかも太陽は蟹座で、蟹座は月を支配星に持ちますから、まさに「月に縁のある人生」と言えるでしょう。

ルナーシンボルは「18　魔術師」。強い魅力とカリスマ性を備えていることが暗示されていますから、全世界が魔法をかけられたように、この一人の女性の人生に魅了されたのは当然のことと言えるかもしれません。

ただしフルムーンタイプは、意識（太陽）と無意識（月）が１８０度で向き合っているということですから、常に「自分が人からどう見られているか」が気になり、葛藤を抱えやすい傾向があるということ。ダイアナの場合も感情が不安定で、摂食障害になったり、セラピーに頼ったりしていたと言いますから、こうした一面があったのかもしれません。


それでは、プログレス・ルネーションで彼女の人生をひもといていきましょう。

ダイアナが5歳の頃にサードクオーター期に入っています。このフェイズのテーマは「社会性」です。この時期、両親が不仲により離婚しています。その様子を見て、幼いダイアナは「大人の世界＝社会」を感じ取っていたのかもしれません。

クレセントムーン期に突入した頃、初めてチャールズ皇太子に出会います。ただしこの時の恋のお相手は、ダイアナではなく彼女の姉。あまり勉強が得意ではなかったダイアナは進学試験に落ち、スイスの花嫁学校に通うことになりますが、わずか一ヵ月で帰国してしまいます。クレセントムーン期は「新しい世界への憧れ」と「過去に引き戻す力」が働く時です。彼女はロンドン市内で一人暮らしを始め、保母として働きます。ここに不安の暗い影を打ち破り、自分の人生を前進させようとする、彼女の意志が感じられるでしょう。

19歳の時にファーストクオーター期に入り、チャールズ皇太子と再び出会います。恋に落ちた二人は1981年2月に婚約を発表、7月にセントポール寺院で挙式。この時のことは記憶に残っている方も多いでしょう。そして翌年にウィリアム王子を、1984年にはヘンリー王子を出産します。世紀のロイヤルウエディングから始まった一連の慶び事を、世界中が祝福し、熱狂したのです。彼女の人生もギバウスムーン期に突入。月が刻々と満ち、大きくなっていくようにダイアナの人気はとどまるところを知りません。言い換えれば彼女の人生は常に、世界中の人の目によって「見られる」こととなったのです。

月のフェイズは刻々と移り変わります。ギバウスムーン期からフルムーン期に移る頃、イギリスのタブロイド紙が二人の不仲・離婚説を報道し始めます。フルムーン期は「成就の時」ではありますが、満月は最も強い光を放ち、その人の中にある問題を明らかにします。同時に満月はピークであり、ここから何かが欠けていくことも暗示していますから、あらゆる意味でのターニングポイントと言えるでしょう。

ディセミネイティングムーン期に入った1992年、別居が決まります。ただし王室のスキャンダルが次々と表沙汰になるなど、泥仕合の様相になり、なかなか進展しません。

次のサードクオーター期、「社会性」がテーマとなるこの時期、エリザベス女王から早期離婚を促されたこともあり、正式な離婚が決定しました。彼女は慰謝料ほか、宮殿に居住する権利、王子の養育に関わる権利などを勝ち取ります。ちなみに彼女の両親が離婚したのもこのサードクオーター期でした。ここに運命的な因縁を感じる人もいるかもしれません。

そして1997年、彼女はパリでの自動車事故で命を落とします。

これはプログレス・ルネーションとは関係がありませんが、ダイアナが亡くなった2日後に、日食が起こりました。日食は月が太陽を隠してしまう現象です。ダイアナのホロスコープを見ると、彼女の出生時の冥王星を刺激する位置で、この日食が起きていました。言うまでもなく、冥王星は「死と再生」の星です。

もちろんこの星の配置が、こうした出来事を引き起こすということではありません。占星術のシンボリズムにのっとれば、彼女の人生の物語をこんなふうに説明できるかもしれない、という一つの解釈にすぎないのです。

プログレス・ルネーションにしても同様です。あなたの人生を月の満ち欠けになぞらえた時、浮かび上がってくる物語を自分なりに解釈してみてください。

【ダイアナ妃のプログレス・ルネーション】

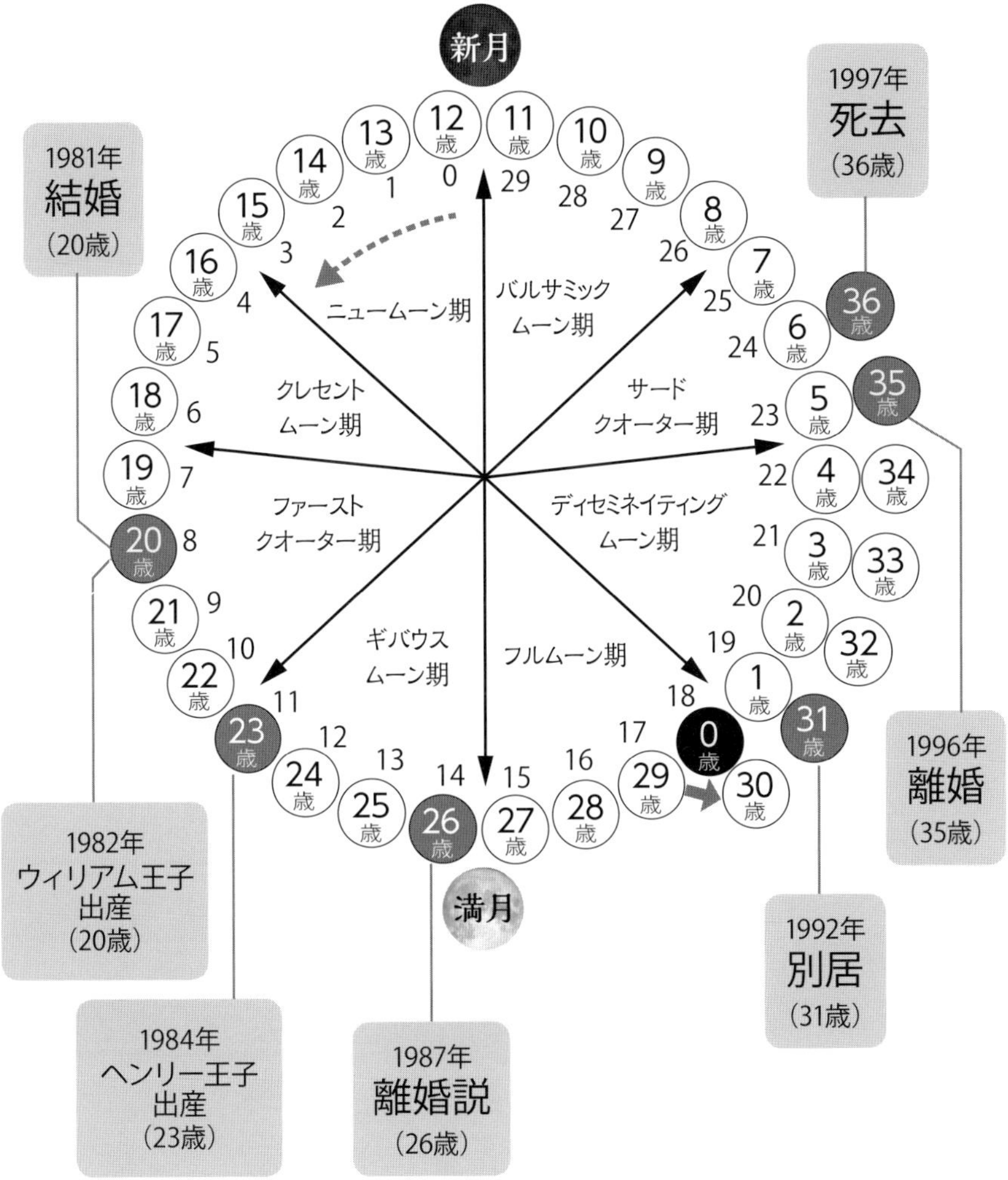

人生の新たな転機となる

ニュームーン期

New Moon

衝動に任せて一歩踏み出す

ニュームーン期は、プログレス・ルネーションの始まりのフェイズです。太陽が表す「自分を表現したい」という意志、そして月が司る感情が一致するこの時期。「じっとしてはいられない」「何か始めなければ」という衝動に突き動かされる人も多いでしょう。迷いや葛藤が消え、おぼろげだった目標がはっきり見えてきて、人目を気にせずに動き出す時です。その結果、進学や転職、結婚など人生における「重要な決断」を下す人も多いはずです。やるかどうか迷っていることがあるなら、ぜひ一歩踏み出してください。何年か後に振り返った時、「あの時がすべての始まりだった」と思えるような意義深い体験になるでしょう。

あなたのニュームーン期

1回目	＿＿＿歳～	＿＿＿歳
2回目	＿＿＿歳～	＿＿＿歳
3回目	＿＿＿歳～	＿＿＿歳

【各年の個別テーマ】

0

「宇宙卵」の年

印象的なことが起こりやすい時です。目まぐるしい展開に気持ちがついていかないかもしれませんが、起こる出来事はすべて必要なことと考えましょう。今後約30年をかけて取り組むテーマが浮上するかもしれません。

1

「始原の花火」の年

「これをやりたい」という強い使命感を覚える体験をしそう。まだはっきりとした形はないかもしれませんが、確かに何かが始まっていると感じるはず。創作活動に打ち込んでいる人は、素晴らしいインスピレーションがあることも。

2

「ドア」の年

引っ越しや転職などで新しい世界に飛び込む経験をする人も多いでしょう。キーワードは無邪気さ。あれこれ考えるよりも、好奇心のままに動き回ることで、新たな可能性が切り開かれます。外の世界に心を開くことが鍵になります。

3

「双葉」の年

ここまでの３年間に芽生えた思いを、実際の行動に移していく時です。事業を起こしたり、新しい趣味を始めたり、何事も挑戦あるのみ。知識の吸収力も高く、頑張っただけ成長できるので、この貴重な時間を有効活用して。

内面の変化

・本当の目標を思い出す
・身辺整理をしたくなる
・コンプレックスが解消される

息苦しさや葛藤が消え、のびのびと自分らしく振る舞える時です。本当にやりたかったことを思い出す時でもあるので、これまで人の期待に応えて自分を抑え込んできた人は、それに耐えられなくなります。「もっと自分らしく生きたい」と思うようになり、ガラッとイメージチェンジをしたり、ライフスタイルの改革を始める場合も。計算や駆け引きは不要。自分の気持ちのままに動いてください。ここで怖がって打算的な行動に出れば、得られる実りも相応のものになってしまいます。思い描ける最大の夢を掲げましょう。

ただし、周りを顧みずに行動したり、後先考えない行動に出て、周りに迷惑をかけてしまうことも……。この貴重な「スタートの時期」でつまずかないためにも、あなたを見守り、時に厳しいことも言ってくれる第三者の存在を大切にしましょう。

外界の変化

・未知の分野への進学や就職
・転職や独立など環境が変わる
・適齢期ならば結婚も

進学、独立や転職など、人生のレールを切り替え、新しい目的地に向けて進み始めます。特にルネーションナンバーが29から0に切り替わる時は、重要な転機。同じことを継続する場合でも、目的や取り組む姿勢が変わるなど、何らかの「刷新」があるはず。

特に年を重ねてからニュームーン期に突入した人は、今までのキャリアはいったんここで終わらせ、「第二の人生」をスタートさせることになるでしょう。新たなライフワークとなる趣味に巡り合い、それで生計を立てることを視野に入れ始めるかもしれません。

また新しい恋を体験する気配も濃厚。適齢期ならこの4年以内に結婚に踏み切る可能性はかなり高いでしょう。またニュームーン期に知り合った人とは末長い関係を育んでいくことになりそうです。過去、この期間に出会った人を振り返ってみるといいでしょう。

あらゆる学びと準備の時

クレセントムーン期

Crescent Moon

葛藤を自信へと変換することがテーマ

暗がりだった夜の空（無意識）に月が姿を現し始めます。ニュームーン期が、頭で考えるまでもなく動き出しているような状態だとしたら、「こうしたい」という意識が芽生えたり、使命感を抱くようなテーマに出会いやすいのが、このクレセントムーン期です。ただし月はまだ半分以上が闇の中。具体的なビジョンが描けていなかったり、準備不足だったりして、挑戦したい気持ちと「自分には無理かもしれない」と現状に引き戻される気持ちの間で揺れ動くことが多いかもしれません。でも焦りは禁物です。クレセントムーン期は次のファーストクオーター期に、自信を持って行動に移すための準備期間。そう考えて、じっくりと過ごしましょう。

【各年の個別テーマ】

4
「戦士見習い」の年

何かを「学ぶ」「習得する」ような出来事が起こりやすい時です。ここでしっかりとモノにすることができれば揺るぎない自信が芽生えるでしょう。プライベートでは誰かに側にいてほしい気持ちが強まるかもしれません。

5
「望遠鏡」の年

「自分もいつかこうなりたい」と思うような人生の目標、憧れの存在に巡り合いやすい時です。ただし現在の自分と比較して、その差に落ち込んでしまうかもしれません。理想は高く掲げつつも、実現可能な目標から実行して。

6
「張り詰めた弓」の年

「動き出したい！」という気持ちがピークまで高まるものの、同時に押し戻そうとする力も働いている時。その正体は、実際に引き止めようとしている誰か、もしくは「動くのが怖い」という自分自身の内心の恐れであることも。

あなたのクレセントムーン期

1回目 ＿＿＿＿ 歳 ～ ＿＿＿＿ 歳

2回目 ＿＿＿＿ 歳 ～ ＿＿＿＿ 歳

3回目 ＿＿＿＿ 歳 ～ ＿＿＿＿ 歳

内面の変化

・やりたいことが見つかる
・ふと自信を失う
・いろいろな物事に興味を抱く

好奇心旺盛になる時です。興味を抱いた物事に次々とトライしたい心境になるでしょう。様々なジャンルにふれて「これは」とピンときたものが、その後、数年かけて取り組むテーマになることも。

ただしこの時期は、気持ちの浮き沈みが激しい傾向があります。パッと盛り上がったかと思えば、次の日には落ち込んだり……そうした態度が人にマイナスイメージを与えてしまうことがあるかもしれません。またニュームーン期に取った行動に関してこれでよかったのかどうか不安になったり、自分には実力や魅力がないと感じたりと、自信を失いがち。特に10代でこの期間を迎えた人は、思春期の感情の不安定さと相まって、焦りやコンプレックスを感じやすく、悩み多き時期を過ごしたかもしれません。

そうした自分の気持ちを調整することがテーマです。

外界の変化

・二択の決断を迫られる
・実力不足を実感する出来事がある
・何かを学び直す機会がある

「動きたくても動けない」と葛藤するような出来事が起きやすい時です。せっかく好機が訪れたのに実力不足で見送りになったり、前に人がつかえていてチャンスの順番が回ってこない、ということも。20代以降で迎えた場合、「仕事か結婚か」といった選択を迫られる場合もあるようです。

延々と悩み続けていては、時間がもったいありません。こういう時は自分に自信をつけるような行動をすることです。仕事なら基礎から学び直す、今あるスキルをさらに高めるような努力をする。恋愛ならば、自分磨きに励む。実際、様々なことを「学ぶ」機会には恵まれやすく、知識の吸収力が高まっている時でもあります。ここで土台をしっかりさせておけば、次のファーストクオーター期に自信を持って一歩踏み出せるでしょう。

人生の可能性を広げる時

ファーストクオーター期

より高い目標を目指して、攻めの一手

ファーストクオーター期は半月、つまり光と闇が半々で拮抗する時です。そしてこれから光の勢力が増していく時でもあります。言ってみれば「攻め時」ということ。多少の困難があったとしても、ひるむことなく前に進もうとする姿勢が、人生を切り開きます。

発展期とも言えるので、ここで守りに入ったり、「これくらいでいいや」と手を抜いてしまうと、その先に得られる実りも少なくなってしまいます。より大きな成果、高いレベルの実現を目指して、多少無謀でも行動を起こしたほうがいいでしょう。特に20〜30代でこの時期に取った行動、決断がその後の人生を左右することになりそうです。

あなたのファーストクオーター期

1回目 ＿＿＿＿ 歳 ～ ＿＿＿＿ 歳

2回目 ＿＿＿＿ 歳 ～ ＿＿＿＿ 歳

3回目 ＿＿＿＿ 歳 ～ ＿＿＿＿ 歳

【各年の個別テーマ】

7

「英雄」の年

「どうなるかわからないけれど、やってみたい」という気持ちが生まれる時です。多少、試練があったとしてもそれを乗り越えるだけのパワーがある時。この時期の勢いを無駄にしないためには、とにかく何かにチャレンジしてみましょう。

8

「ダンサー」の年

「自分を表現したい」という欲求が芽生えてくる時です。その気持ちをダンスや絵、小説など、何らかの創作的な趣味にぶつけると素晴らしい作品が生まれる可能性が高め。幼い頃の夢に再挑戦してみるのにもいい時です。

9

「設計者」の年

将来について、具体的なビジョンを思い描きたい時です。一番高い目標を掲げ、それを実現するためには、いつまでに何をすればいいか、どこから手をつければいいか、「設計図」を書くような気持ちで考えてみるといいでしょう。

10

「旗手」の年

何かしらの「トップ」「まとめ役」の座に就くことになる可能性が高い年です。「自分には無理」とひるんでしまうかもしれませんが、ぜひ引き受けて。ここで頑張ることで高い評価を得られます。周囲からの人望も高まる時です。

内面の変化

・やる気に満ちあふれる
・負けたくないという意識が芽生える
・気持ちの揺れ動きが激しくなる

むくむくとやる気が湧き上がってくる時です。不思議と吹っ切れたような、「何も怖くない」という心境になりやすいでしょう。言ってみれば、根拠のない自信に満ちあふれる時。こういう時ほど、人生の可能性が開けていきます。理想の自分を思い描き、そのために行動を起こす時です。「自分もいつかこの人のようになりたい」という憧れの存在と出会ったり、この先の目標となるテーマが生まれやすい時でもあります。それに伴い今の環境に嫌気が差すかもしれません。自分の実力がどれほどのものなのか、試してみたいという気持ちになりやすく、競争意識が芽生えるので、いいライバルがいると毎日が楽しいでしょう。

ただこの時期は、気持ちの波が激しくなりやすい傾向があります。自分自身だけでなく、他の人を翻弄しないように気をつけましょう。

外界の変化

・念願のチャンスがやってくる
・やりたいことを反対される
・自分をアピールする機会がある

あらゆる面で「動き時」です。大きな仕事への挑戦、海外留学、オーディションなど、今しかできないことをやるチャンスが巡ってきやすいでしょう。また憧れていたけれど「年齢も年齢だし……」と思っていたことにトライする好機があることも。いずれにしろ、このファーストクオーター期は失敗を恐れて消極策をとると、結果も相応のものになってしまいます。念願の仕事への転職などもぜひ視野に入れて。恋においても果敢にアプローチできる時なので、長い片思いを続けている人がいるならぜひ勇気を出して思いを告げましょう。

また反対に遭う、逆境に陥る、うまくいっていたことがピンチに……といったことが起こるかもしれませんが、これはむしろ吉兆。自分の中に眠ったままになっているパワーを引き出すきっかけになります。失うものはないと考えて、攻めていきましょう。

完成度を高め、総仕上げの４年間

ギバウスムーン期

妥協せずに、最高のものを目指す

ギバウスムーンは満月の目前、あと少し満ち足りない状態の月です。ファーストクオーター期に大きく行動を起こした後、フルムーン期で完成に至るまでの仕上げの４年間と言えるでしょう。この時期は「自分を成長させたい」という気持ちになりやすい傾向があります。今、手がけていることのレベルを高めるのにいい時。努力するほど完璧に近づきます。「あの時、もう少し上を目指しておけば」ということになりやすいので、ここでの妥協は厳禁。また大幅な路線変更は、せっかくここまで積み上げてきたものを無駄にしてしまう可能性も。特に人生で一度目のギバウスムーン期なら、結婚や転職、大きな買い物などは控えたほうが無難です。

【各年の個別テーマ】

11 「キャンプファイアー」の年

人脈が鍵になる年です。やりたいことがあるなら人との縁を広げることがポイント。必ずサポートに名乗り出てくれる人が現れるでしょう。またこの年は好感度を意識して振る舞うこと。どんな人にも温かい心で接するようにして。

12 「書記」の年

人の意見に振り回されるのはやめ、自分の頭で考えることが大切な年です。悩んでいることは紙に書き出してみると思考が整理されるかも。しっかりと自分の意見をまとめておくと人にアドバイスを求められた時にも役立つはず。

13 「花」の年

何かと人の注目を集めることの多い年です。持ち前の魅力や才能にスポットライトが当たるような、うれしい出来事も。ただし「常に見られている」ということを意識しないと、スキャンダルで地位を失う恐れも……。

14 「鏡」の年

理想の自分と現実の自分の間にギャップを感じやすい時です。でもそこでただ悲観的になって落ち込むか、「負けるものか！」と奮起するかによって、結果は大きく変わってきそう。弱い自分を否定しないことが大切です。

あなたのギバウスムーン期
1回目 ＿＿＿＿ 歳 ～ ＿＿＿＿ 歳
2回目 ＿＿＿＿ 歳 ～ ＿＿＿＿ 歳
3回目 ＿＿＿＿ 歳 ～ ＿＿＿＿ 歳

内面の変化

・上のレベルを目指したくなる
・欠乏感を抱きやすい
・根をつめやすい

自分を成長させたいという意欲が芽生えてきます。そのためあらゆる学びや挑戦は吉と出るはず。

ただしこの時期はやけに「何かが足りない」という気持ちになりやすい傾向があるようです。周りの人は自分よりもたくさんのものを持っているような気分になり、人を羨んだり、自分を卑下したりしがち。その結果、足りないものを埋めようと場当たり的な恋に走ったり、過剰に仕事にのめり込んだり。また「このあたりで確かな形にしておきたい」など、安定を求める気持ちもこうした欠乏感の表れです。要は何かしらのよりどころを求めているのです。ただ不安から起こした行動は後悔することになる可能性が大。

この時期は完璧主義になりやすい傾向があります。「いくらやっても満足できない」と思いつめて体調を崩してしまうことも……。自分の心を冷静に見つめて。

外界の変化

・重要な後ろ盾を得る
・場当たり的な恋の誘惑が
・大きな買い物をして後悔する

この時期は「自分をより大きくしていきたい」という衝動に駆られやすく、焦りからか、人生上の重要な決断をしたり、大きな買い物をしたりしがち。こうした思いから起こした行動は、後悔することになる可能性が高め。その選択が正しいかどうかを見極めるコツは「ほんの少しでも迷いがあるか否か」。まったくないならゴーサイン、少し逡巡するならストップのサインです。

また「後ろ盾が欲しい」という気持ちから、憧れの人、より強い力を持つ人とコネができることも。相手の振る舞いを見ていろいろなことを学ぶチャンス。

恋に関しては、何となく寂しさを感じて妥協して適当な人とつき合ってしまいがち。でも後々もっといい人が現れた時に、足かせになること必至。もしも惰性的な関係の恋人がいるなら、キッパリ別れを告げて自分磨きに励んだほうが、次の出会いが近づきます。

うれしい展開が目白押しの幸運期

フルムーン期

幸せを味わいつつ、「次」の展開を見据える

フルムーン期は月が最高潮に満ちる時です。「満ちる」ということで、物事が成就したり、完成を迎えたりと、喜ばしいことが次々と起こる時でもあります。どんな人にもやってくる幸運な4年間と言えます。今まで漠然とやってきたことが光に照らし出され、「このために自分は今までやってきたのだ」とすべてが見通せるような経験をするでしょう。それは確かな自信となるはず。

ただし月はここから欠けていくのだという視点は忘れないようにしたいものです。幸せを謳歌しつつも、次のディセミネイティングムーン期に備えて根回しをしておくことが、賢い過ごし方と言えるでしょう。

【各年の個別テーマ】

15 「鏡」の年

幸運期の中でも、特にいいことが立て続けに起こりやすい時です。多くの人に自分の名前が知れわたるようなビッグチャンスの到来もありそう。ずっと温めてきたプランがあるなら、ぜひ実行に移したいタイミングでもあります。

16 「リボン」の年

とりわけ人気運がアップする年です。どんな人にも親切に接することで、さらなる幸せを引き寄せられるでしょう。また急に親密な関係に発展する人物がいそう。その人のサポートを受けて、さらにいい展開が始まる暗示も。

17 「華やかなシェフ」の年

この年はあらゆるものに眠る「いい面」を引き出すことで、大きな実りがありそう。また特定の誰かと向き合うことがテーマになる年でもあります。しっかりと話し合いをすることで、一段深い関係になることができるでしょう。

18 「魔術師」の年

人を惹きつける魅力が格段にアップするでしょう。まるで魔法をかけるように、人の心を操ることもできるかもしれません。セクシャルな魅力が高まる時でもあるので、子宝に恵まれることも。ただし道ならぬ恋には気をつけて。

あなたのフルムーン期

1回目 ＿＿＿＿歳 ～ ＿＿＿＿歳

2回目 ＿＿＿＿歳 ～ ＿＿＿＿歳

3回目 ＿＿＿＿歳 ～ ＿＿＿＿歳

内面の変化

・喜びに満ちあふれる
・確かな自信が芽生える
・欲に駆られやすい

幸運な出来事が次々と起こり、喜びに満ちあふれる時です。「これまでに自分がしてきたことは正しかったのだ」と、自信がつきます。心に余裕が生まれるので、周りの人を優しく気遣うことができ、さらなるチャンスが引き寄せられ……といったうれしい展開が続くでしょう。こういう調子のいい時ほど、周囲に感謝の気持ちを抱くことが重要です。間違っても、自分一人の手柄だとは思わないこと。

ただし幸運期も半ばを過ぎると次第に欲が出て、成功を独り占めしたくなったり、邪魔な人を蹴落としたいような気持ちになることも。また無意識のうちに自信過剰な発言をしたり、横柄な態度を取りやすい時でもあります。そうならないためには、いつも以上に謙虚さを心がけること。特に後輩に親切にしておくと、これ以降、助けてもらえることがあるでしょう。

外界の変化

・長年の努力が実る
・思いがけず脚光を浴びる
・同性異性問わずモテる

これまで時間をかけて積み上げてきたものが満期を迎え、何かしらの恩恵となって返ってくる時です。長い片思いが実ったり、結婚、妊娠、出産の可能性はきわめて高いでしょう。また試験の合格、昇進や念願の仕事への抜擢、売上げ成績が上がるなど、「頑張ってきてよかった」と感じるような出来事がありそうです。

他には「白日の下に照らし出される」という暗示も。眠っている才能が突如、脚光を浴びたり、自分に関する真実が明らかになったり。特に10代でフルムーン期を迎えると、些細なきっかけから注目を集め、一躍「時の人」となることも。オーディションなどにはぜひ挑戦してみましょう。またフルムーンの光を身にまとうかのように、人を惹きつけるような魅力が出てくる時です。そのため自然と人が集まってきたり、異性に言い寄られたりと「モテる」経験をしやすいでしょう。

得たものを、人のために還元する

ディセミネイティングムーン期

ペースを落とし、周囲を見渡す

新月から始まったサイクルが満月でピークを迎えました。月は少しずつ欠けていきます。ここからは「しまい支度」を始める時。フルムーン期の勢いのまま突き進もうとすると、必ずどこかでひずみが生じます。

ディセミネイティングムーン期は、プロセスを振り返り、自分が得たもの、学んだことを周囲のために還元していくべき時。大切なのは周囲と足並みをそろえることです。我こそがと人を押しのけるのではなく、隣にいる人と手を取り合って歩いていく意識が大切です。一人で行動していた時よりスピードが落ちた気がするかもしれませんが、グッと我慢。そうすれば一人の力では成し遂げられなかったことを実現できるでしょう。

【各年の個別テーマ】

19

「音楽の教師」の年

周囲の人と調和に満ちた関係を築くことができる年です。また知性が柔軟なので足りないものがあっても、自分なりに工夫をすれば乗り切れるはず。むしろ限られた環境の中で知恵を発揮することで、素晴らしいものが生まれる予感。

20

「泉」の年

慈愛にあふれる年です。たとえ自分にとって損だとわかっていても、人のために何かをしてあげたいという気持ちが強まるでしょう。内面に秘めているものを理解してくれた人と、恋が始まる暗示も。その心の通じ合いが癒しを与えてくれそう。

21

「聖堂」の年

「あなたの力を貸してほしい」と人が集まってくる年です。ただし協力できること、できないことをしっかり見極めないとパンクしてしまいそう。存在感が増し、発言の一つひとつに重みが出てくるので「何を言うか」は慎重に判断をして。

22

「知恵の蛇」の年

他の人には見えていないことも見通せる、賢さが備わる年です。計画を遂行するために他人をいい意味で「利用する」ことも必要かもしれません。感情に流されず、きちんとメリット・デメリットを考えながら行動することで、より大きな成果が。

あなたのディセミネイティングムーン期

1回目 ＿＿＿＿ 歳 ～ ＿＿＿＿ 歳

2回目 ＿＿＿＿ 歳 ～ ＿＿＿＿ 歳

3回目 ＿＿＿＿ 歳 ～ ＿＿＿＿ 歳

内面の変化

- ・他人に対する意識が変わる
- ・無償の愛が湧き上がる
- ・焦りや不安が芽生える

この時期は、人に対していつも以上に優しくなれる時期です。困っている人を見ると「何とかしてあげたい」と感じやすくなるでしょう。「大事な人を守りたい」という気持ちも強まるはず。

また若い人に、自分が経験してきたことを伝えたいと思うようになります。ただし自分の立場を守ろうとして、他人を排除したり、強引に事を進めたりすると、孤独を感じやすい4年間となってしまいます。

ディセミネイティングムーン期の運気は、若いうちは素直に受け止められ、上手に運の流れに乗れますが、年を重ねてから迎えた場合、これまでに得てきたものを奪われるように感じ、不安になりやすいでしょう。そうして地位や利益を独占しようとすれば、周りからの評判もダウン。「自分が」という思いは潔く手放して、皆と喜びを分かち合う方向性にシフトを。

外界の変化

- ・人に「教える」出来事がある
- ・チームワークで勝利する
- ・人脈からチャンスが生まれる

この時期は「種蒔き」の時です。つまりこれまでに培ってきたものを次の世代に受け継ぐ時。そのため人に教えるような出来事が起きやすいでしょう。この時期は、スタンドプレーよりもチームプレーが鍵になりますから、知識やスキルの共有は重要なテーマ。多少、時間がかかったり、遠回りになったりするかもしれませんが、後に何倍もの成果になって返ってきます。

また人との縁から様々なチャンスが生まれやすい時でもあります。狭い世界に固執せず、どんどん新しい場所に出かけていきましょう。苦手なタイプの人も敬遠せずに、積極的に心を開いてつき合うようにすれば、そこから思いがけない味方が誕生することも。恋の縁も人づてにもたらされやすいはず。

この運気にうまく乗れないと、孤立しやすくなります。自分から相手に歩み寄る姿勢を意識して。

葛藤を乗り越え、精神の成熟期

サードクオーター期

社会のために、自分には何ができるかを考える

月はどんどん欠けていき、光と闇が再び同じ面積になっていきます。このサードクオーター期は、フルムーン期を経て培ってきた「自分」を社会へと還元する時。つまり自分の欲望ばかり追い続けるのではなく、この社会のためになることを成し遂げることがテーマになります。そのため自分が上司になったり、親になったりして、より大きな責任を負うことになる場合が多いでしょう。今まで体験したことのない試練に直面し、初めて目上の人たちや上司の苦労を知ることも。

大変かもしれませんが、これをクリアすることで「自分はこの社会の一員である」という明確な意識が芽生え、生きがいを感じられるはず。

【各年の個別テーマ】

23

「女王」の年

立場が変わるなどして、発言力が増す時です。人を動かす機会も増えるでしょう。自信がなさそうに振る舞っていると、周りにも不安がられます。堂々とした態度でいれば、自然と慕ってくれる人も増えていくでしょう。

24

「ピラミッド」の年

何らかの大きなプロジェクトが動き出すかもしれません。完成までの道のりは遠そうに見えても、着実に進めば必ずたどり着けます。行きづまった時は年長者にアドバイスを求めたり、偉人の伝記を読んだりしてみるとよさそう。

25

「虹」の年

年齢、性別、置かれている環境など、様々な価値観を持つ人との連係プレーが鍵になる時です。孤軍奮闘するのではなく、できるだけたくさんの人の手を借りたほうが、より大きなことを成し遂げられるでしょう。

あなたのサードクオーター期

1回目 ______ 歳 ～ ______ 歳

2回目 ______ 歳 ～ ______ 歳

3回目 ______ 歳 ～ ______ 歳

内面の変化

・プレッシャーを感じる
・自分の限界を知る
・何かと悩みを抱えがち

重い責任を負うことが増え、重圧を感じやすい時です。ここで適当にやり過ごそうとしたり、表面だけ取り繕ったりしていると、痛い目に遭うので、早めに本腰を入れて取り組むことが大切です。自分の能力の限界を悟ったり、下の世代からの突き上げを感じたりして、悩んだり、落ち込んだりしますが、精神の成熟期と考えて、とことん考え抜くことが大切です。答えがわからなくなったら「なぜ自分は生きるのか」「これにはどんな意味があるのか」と、根本まで突きつめてみるといいでしょう。

ただしストレスフルになりやすいので、上手に息抜きをすることは必要。すべてを忘れて楽しめる趣味や癒しの方法を確保しておいて。また一人で抱え込まず、すでにその試練を乗り越えてきた年長者に相談して、アドバイスを求めることも有益です。

外界の変化

・世代交代が起こる
・社会的な肩書が変わる
・重要な仕事を任される

今までは上の世代に文句を言っていたのが、今度は言われる側になるなど、今まで知らなかった苦労に直面することが増えそうです。結婚して名前が変わる、子どもが産まれて親になる、一度は家庭に入ったけれど、仕事に復帰するなど、社会的な役割が変わる出来事も起きやすいでしょう。

若い頃にこのサードクオーター期を迎えた場合、わけもわからないうちに責任だけ負わされ、理不尽な思いをするかもしれません。でもそれは他の人が大人になってから経験する試練を先にクリアしてしまうのだと考えて。むしろこの後の人生はグッと楽になります。

また、恋愛などプライベートなことにかける時間は減ってしまうかもしれません。でもここで愛が生まれたなら、つらい期間を支えてくれる「尊いもの」となるはずなので、大切にしてください。

ここまでの流れを締めくくる

バルサミックムーン期

いらないものを手放して、身軽になる

月の満ち欠けの最終段階が、このバルサミックムーン期です。月は次第に暗闇に溶けていき、新月となります。そのためこの時期は、これまでの自分の行いを振り返り、清算する時です。この先の未来に持っていく必要のないものとは、自然と縁が切れるような流れになっていくでしょう。目の前から去っていく人がいたり、仕事や趣味をこれ以上、続けられなくなったとしても、決してしがみつかないこと。むしろ余計なものは手放して、次のニュームーン期に備えてください。

言ってみれば「一からやり直す」ことができる時でもあるので、苦い過去には、ここで踏ん切りをつけることができるはず。

あなたのバルサミックムーン期

1回目 ＿＿＿＿歳 ～ ＿＿＿＿歳

2回目 ＿＿＿＿歳 ～ ＿＿＿＿歳

3回目 ＿＿＿＿歳 ～ ＿＿＿＿歳

【各年の個別テーマ】

26

「ヴェイル」の年

スピリチュアルな世界への関心が強まる時です。直感力が高まるため、虫の知らせや九死に一生を得るなど、不思議な体験をすることもあるでしょう。また人目につかないよう水面下で何かを行う、秘密を共有するという暗示も。

27

「洞窟」の年

精神の探究がテーマとなる年です。この年はあまり人と積極的にコンタクトを取る気になれないかもしれません。それよりも自分自身の心や、この世界の仕組みについて「もっと知りたい」と感じるようになるでしょう。

28

「魔女」の年

社会から抜け出して、一人で行動したくなる時です。公と私でまったく違う顔を持って活動することに喜びを感じるでしょう。イメージ力が高まり、願ったことが不思議と叶う年なので、悲観的なことばかり考えないように！

29

「宇宙卵」の年

未来に関する種を授かる時。まだ具体的なビジョンになっていなかったとしても、ここから何かが始まっていくはず。この年に「やってみたい」と思ったこと、つき合いがスタートした人との関係は大事に育てていきましょう。

内面の変化

・過去を思い出すことが増える
・無気力になり、やる気が出づらい
・直感が冴える

ボーッとすることが多くなり、「なぜかやる気が出ない」と感じやすい時です。いつもより注意力が散漫になる傾向も。気持ちの奥底で「今は何かをする時期ではない」と感じ取っているのでしょう。無理に奮い立たせようとすると、心が抵抗し、調子を崩してしまうことがあるので気をつけて。

また何かにつけ、過去に体験した苦い思い出が蘇ってくるかもしれません。自分の中にある不安や嫉妬といったネガティブな感情に気づき、嫌な思いをすることも。でもこれは決して悪いことではありません。ここでしっかり問題を直視することで、自分の力や教訓に変えることができるでしょう。むしろその後、吹っ切れた心境になっているはず。この時期はインスピレーションが冴える時でもあります。頭で考えるよりも、直感的にピンときたほうを選べば間違いありません。

外界の変化

・物事が軌道に乗りづらい
・仕事や人との関係に終止符
・人間関係が整理される

すべてが終幕に向かうこの4年間に始めたことは、長続きせずに終わる傾向があります。仕事や趣味、あるいは人との関係なども同様。これまで腐れ縁のような関係が続いてきた場合は、ここで別れを告げることになる可能性が高いでしょう。

こじれた関係、将来性のない仕事などを何とか修復しようと試みるのは、時間とエネルギーの無駄に終わりそう。「この辺でもう潮時」と薄々感づいていることは、実際にそうなり、成り行きに任せれば、自然と必要なものだけが残ります。ここで身軽になっておいたほうが新しい目標が見つかりやすくなり、次のニュームーン期でいいスタートを切ることができます。

新しいことを始めるより、プライベートを充実させて。特に旅行などで自分を解放するのがおすすめ。未来に関するいいインスピレーションを得やすくなります。

Column【コラム】

日食・月食は「凶兆」だった？

月にまつわる神秘的な現象として「食」があります。つまり日食・月食です。太陽が月によって覆われて、端から欠けていったり、見えなくなる現象が「日食」です。これは新月の時に起こります。そして月と太陽の間に地球が入り、地球の影に覆われて月が欠けて見える現象が「月食」です。これは満月の時に起こります。すべてが隠れる場合を「皆既日食／月食」、一部の場合を「部分日食／月食」と呼びます。

20ページでお話しした、月の満ち欠けの仕組みのことを思い出してください。月と地球、太陽が一直線に並ぶと新月・満月になるとするなら、毎回、日食・月食が起きていないとおかしいはずです。そうならないのはいったいなぜかというと、それぞれの軌道が平面ではないからです。地球から見た太陽の軌道を「黄道」、月が地球の周りを公転する軌道を「白道」と言いますが、白道は黄道に対して、大きく斜めに傾いています。そのため新月・満月になる時であっても、黄道の上や下を通る時には食は起こりません。黄道と白道の交差する点の近くで新月・満月が起きる時のみ、日食・月食が起きるということになります。

この交わっているポイントを、天文学用語では「ルナノード」といいます。「Node（ノード）」とは「結び目」というような意味ですから、月と太陽の軌道の結び目ということですね。なかでも月が昇っていく側は、北のほうにあるため「ノースノード」、降りていくほうは南にあるため「サウスノード」と呼びます。

こうしたことは天文学の発達によってメカニズムが解明されたわけですが、それ以前の人間にとって日食・

月食というのは、どれほど神秘的な現象だったことでしょう。

日中に急に太陽が欠け、地上の気温が一気に下がり、動物たちが騒ぎ出す日食。いつもとは違う、赤銅色に染まった月がじわじわと欠けていく月食。こうした光景は、人々に何か胸騒ぎのようなものを抱かせたに違いありません。

そのため、日食・月食にまつわる伝説は世界中に存在します。北欧神話では、フェンリルという狼が天空を駆け回っていて、太陽や月を時々食べてしまうのだと言われていました。インド占星術では、二つのノードを「ラーフ」「ケートゥ」と呼び、神が太陽と月を隠してしまうため、災いが起こる前兆だとされていました。西洋占星術では「ドラゴンヘッド」「ドラゴンテイル」と呼んで、運命を司る特別なポイントだと考えられてきたのです（詳しくは161ページ）。

日食や月食は、英語ではどちらも「食（Eclipse）」と呼ばれており、伝統的な占星術では凶兆だとされていました。何と言っても地上に恵みをもたらす太陽や月が「欠けて」しまうわけですから、何かよくないことが起こるのでは、と考えられていたのです。

古典的な占星術では、太陽は王権や国の代表を象徴するため「為政者の変化」、月は大衆を表すため「人々の暮らしの変化」を暗示するとされてきました。さらに日食や月食はそれが観測できる国や地域に影響を及ぼすと考えられていました。例えば2009年に日本でも観測できた皆既日食。当時、自民党から民主党へ政権交代につながる衆院解散が7月21日でしたが、これはまさに日食の前日でした。また欠け始めから欠け終わりまでの時間も重要で、その時間が食の影響が及ぶ期間を表すとされ、日食は1時間が1年、月食は1時間が1ヵ月に対応するとも考えられました。

とはいえ日食・月食が必ずしもよくないことが起こる前兆ということでもないと思うのです。

一度、欠けた天体にも必ず光が戻ってきます。一度、死ぬことで新しい何かが誕生するチャンスでもあります。あらゆる意味でのマイルストーン、転換点としてとらえてみてはどうでしょうか。

【2020年までの日食・月食】

※国立天文台発表による

日食

日付	種類	見える地域
2016年9月1日	金環日食	南大西洋、アフリカ、インド洋など
2017年2月26日	金環日食	南太平洋、南米、南大西洋、アフリカなど
2017年8月22日	皆既日食	北太平洋、アメリカ、北大西洋など
2018年2月16日	部分日食	南米南部、南極など
2018年7月13日	部分日食	オーストラリア南部、南極など
2018年8月11日	部分日食	ヨーロッパ北部、アジア北部など
2019年1月6日	部分日食	日本（全国）、アジア東部、北太平洋など
2019年7月3日	皆既日食	南太平洋、南米など
2019年12月26日	金環日食	アラビア半島、インド、東南アジアなど
2020年6月21日	金環日食	アフリカ、アジア、太平洋など
2020年12月15日	皆既日食	南太平洋、南米、南大西洋など

月食

日付	種類	見える地域
2017年8月8日	部分月食	日本で見える
2018年1月31日	皆既月食	日本で見える
2018年7月28日	皆既月食	日本で見える（一部では部分月食のみ）
2019年1月21日	皆既月食	日本で見えない
2019年7月17日	部分月食	日本の一部で見える

4 月と生活

花のよう　月はしじまの喜び身に占めて
坐り　夜にえがおを向ける

ウィリアム・ブレイク
作家・15世紀

毎夜、月を見上げながら生活を営む

ここまではあなたの性格、そして人生の流れを月の満ち欠けのサイクルになぞらえて解説してきました。きっとあなたの知らなかった一面や、新たな人生の道筋が見えてきたことでしょう。

ここからは今日、実際に空を見上げた時に出ている月との関わり方について、考えてみたいと思います。

古くから「満月の夜には感情が高ぶりやすい」とか「出産は新月や満月の日が多い」などと言われます。また動物の中には月のサイクルで生殖を行う種もあると言います。

月の満ち欠けが人間の生活に影響を及ぼす……それは果たしてあり得ることなのでしょうか。

伝統的に月は、地上世界の「水」を支配していると考えられてきました。月面の写真を見たことがある我々からすると、月は岩の塊のようで、乾いている天体に見えますが、昔の人は月が一番湿った天体だと思っていたのです。その理由は簡単で、月が潮の満ち干《ひ》を支配するからでしょう。つまり月の満ち欠けによって、地上の湿気が左右されると考えられていたわけです。

こうしたことは、ギリシャの哲学者アリストテレスの考え方とも関係しています。

古く、この世界は「熱」「冷」「湿」「乾」という四つの性質の組み合わせによって循環していると考えられていました。これは占星術の考え方の基盤にもなっています。２世紀の天文学者にして占星術師プトレマイオスは、書物『テトラビブロス』の中でこの四つの要素は月が支配すると記しています。それが左の通りです。

新月から上弦の期間……「湿」を生み出す
上弦から満月の期間……「熱」を生み出す
満月から下弦の期間……「乾」を生み出す
下弦から新月の期間……「冷」を生み出す

このように地上の大気、そしてそこに暮らすあらゆる生命体が、月の満ち欠けに応じて、何らかの影響を受けていると考えられていたのです。

なかでも西洋占星術の基本的な性格分類法の一つである「テンパラメント（気質論）」では、人間の体液は血液、粘液、黄胆汁、黒胆汁という四つに分けられ、そのバランスによって性格が変わると考えました。この四つの体液の状態が「熱」「冷」「湿」「乾」という要素と密接に関わっており、個々人の体液のバランスはその人が生まれた季節、出生時の月の星座、アセンダント（ホロスコープにおける東の地平線）、そして月相が重要なファクターになるとされました。

つまり、月の状態が人間の体内を流れる液体に関与しており、それが性格や心理状態、さらに体質や体調にまで影響を及ぼすと考えられたのです。

こうしたことは人間に限らず、この地球上に生きるものすべてに当てはめて考えられました。

古い農耕暦には「種を蒔くのは、新月から満月に向かう時がいい」「何かを切ったり、刈ったりするのは月の光が減じていく時がいい」といった記述がたくさん見られます。「木の伐採は月が欠けていく時に行ったほうがいい」というのも、先のプトレマイオスの四元素の考え方から言えば、大気が乾いている期間に斬った木は硬く、上質とされたからでしょう。この他にも、鳥に抱卵させるのは新月の時に、穀物の貯蔵は月の満ち欠けの終わる頃がいい、といったこともそうです。

自然を相手にした営みに、月の満ち欠けを考慮する思想は今も受け継がれており、日本でも農作業や漁業に取り入れているケースは多いようです。

それをより体系化した農法も存在します。それが、教育者であり人智学者であるルドルフ・シュタイナーが提唱した「ビオディナミ」、英語で言えば「バイオ・ダイナミクス」です。この農法では月の満ち欠けの他に、天体の動きも活用して農業を行います。例えば「根菜を植える時には月が地の星座（牡牛座・乙女座・山羊座）にある時がいい」など、種蒔きや収穫の時期などの選定に天文暦を応用しているのです。そうすることによって、農薬が少なくてすみ、よりおいしい作物ができるのだとか。

こうしたことに、科学的根拠があるのかどうかはわかりません。ひいては人間の性格や運命までもが、日々の月の満ち欠けによって左右される、ということが果たしてあり得るのか、証明することはできないでしょう。とはいえはるか昔、我々の祖先が月の影響を最も受ける、海の中から生まれてきたというのは紛れもない事実。そう思えば、何かを増やしたい時は月の力が強くなる時、つまり月が満ちる時に。そして何かを減らす時は欠けていく月の時に。月の潮流に乗って過ごしてみるのはとても自然なことかもしれません。

四つの月を指標に、マジカルな生活を送る

月の満ち欠けの中でも節目になるのが、「新月」「上弦の月」「満月」「下弦の月」という四つの月です。

新月 「始める」

物事の始まりを司るのが新月。月がどんどん大きくなっていく時期なので、何かを「始める」「持っているものを増やす」ような行動をするのに最適な時です。

上弦の月 「吸収する」

光の勢いがどんどん強くなるのが上弦の月。「大きくする」「成長させる」、知識やスキル、魅力、栄養素など何かを「吸収する」ような行為にもいい時です。

満月 「完成させる」

太陽と月が地球を挟んでちょうど正反対にある状態が満月。気持ちが高揚しやすい傾向も。「形にする」「達成する」「心を動かす」ような行動に向いています。

下弦の月「断ち切る」

満ち切った月が欠け始めていくのが下弦。新しいことを始める勢いはないので、リラックスして過ごすことが大事。「断ち切る」「手放す」「取り除く」行為をする時に。

古代の人々はこうした節目の日に、さらに月のマジカルなパワーを取り込もうと、様々な魔法やおまじないを考え、実践してきました。当時の人々が行っていたような、パワフルな魔法をそのまま再現するのは難しいのですが、ここでは現代的な方法に置き換えた月のスペル（呪法）を二つ、ご紹介しましょう。

■新月の夜に行う、金運アップのおまじない

ヨーロッパで一般的に行われているのが、新月の夜に、ポケットのなかで銀色のコインをひっくり返すという、金運アップのおまじないです。またボウルに水を張り、そこに、新月から満ちていく月を映します。その水に両手を浸し、タオルなどで拭かずにそのまま乾燥を待ちます。その間にお金が入ってくることをイメージしましょう。

■満月にかける、恋を引き寄せるおまじない

満月の日に銀色のくしを用意し、オリーブオイルを数滴つけます。月が見える窓辺に座り、くしで髪をすきます。その時に「シャダイ・エル・カイ・レア・ビナー・ゲー」と何度も

つぶやきます。すると月のオーラを吸収することができ、魅力が高まるので、近々恋人ができるのだそうです。

この二つのおまじないには、「銀」というキーワードが登場しています。古来、金は太陽、そして銀は月と縁の深い金属と考えられてきました。吸血鬼や狼男を倒すためには、純銀でできた弾丸を使わなければならないという伝承も。これは月のダークサイドを象徴する魔物は、純粋な月の力を持つ「銀」によって浄化できると考えられたためでしょう。

人間のインスピレーションを刺激する月は、このようにいろいろな神話や伝承を生み、様々なものと関連づけられてきました。「月の魔法事典」（１４０ページ）では、こうしたアイテムを紹介していますから、満ち欠けのタイミングと組み合わせて「あなただけの魔法」を作ってみるのもいいかもしれませんね。

新月の期間の過ごし方

New Moon

あらゆる可能性の種を蒔く時

新月は月の満ち欠けのサイクルの始まりです。暗闇に一条の月の光が生まれるこの時期は、まさに新たに物事を「始める」パワーに満ちている時と言えるでしょう。

数年前から「新月の日に願い事をする」というおまじないがブームになっていますが、それもこの「始まり、満ちていく」という月のタイミングを活用してのこと。この時期にかけた願いは、月のようにだんだん満ちていき、次の満月もしくは新月までの間に何らかの結果が出るとも言われています。

そのため、新たに自分のためになるいい習慣をこの時期からスタートさせるといいでしょう。習い事を始める、日記をつけ始める、新規プロジェクトに着手する。ゼロから始めることに限らず、今あるものをよりよくするために行動を起こしてもいいですね。「新しい自分を始める」という意味では、やめたいこと、変えたいと思っている性格を改善するための行動をするのもおすすめです。もちろん引っ越しや旅行の出立などにも適した時期です。

また「チャンスの種蒔き」にも最適。ずっとやりたいと思っていることがあるのなら、人に話してみたり、資料を取り寄せたりしてみましょう。「土を掘り返して、養分を与える」ようなイメージで考えるなら、疎遠になっていた人にコンタクトを取ったり、ペンディングになっていたアイデアを見直したりするのもいいでしょう。

1年に新月は約12～13回あるのですから、一度ですべてを叶えようとせず、「この12～13回の新月で成就させたいこと」を長期的な視野で考えてみましょう。

するといいこと

「新たに始まる」「仕込む」「リセット」のようなイメージで自由に考えてみましょう。また新月から上弦の期間は地上に水が満ちていくと言われており、動植物が生き生きと活動し始めます。これから物事が「成長していく」タイミングとなるため、髪の毛や爪を切ると発育がよくなると言われています。

【例】

・新しいことを始める
・目標を立て、誓う
・約束をする
・悪い習慣を断ち切る（喫煙、暴飲暴食など）
・ダイエットを始める
・髪や爪を切る
・釣りに出かける
・旅行、引っ越しをする
（特に新月から2～3日の間）
・初めてのセックス

避けたほうがいいこと

この時期に始めたことが「根づいてしまう」とすれば、悪い習慣や自堕落な考え方をしていればそれが続いてしまうことになるので、避けたほうがいいでしょう。また新月当日は気持ちが不安定になりやすい場合もあるようです。感情的になってミスをしやすくなるので、慎重さを忘れずに。

【例】

・花を摘み取る、殺生をする
・失敗を恐れて守りに入る
・感情に任せて行動する
・無目的にダラダラ過ごす
・人のアドバイスを聞き入れない
・「これぐらいでいいや」と妥協する
・目上の人への軽率な発言
・責任のない行動

上弦の月の期間の過ごし方

物事を大きく「育てる」時

上弦の期間は月がどんどんふくらんでいく時です。地上に月の光が満ち始め、植物や動物、すべてのものを慈しみます。新月から満月に向かうまでの上弦の期間は、蒔いた種が芽を出し、すくすく成長していくように、物事が発展、拡大していく時期です。

幸せな未来へと向かっていく伸びしろを感じさせるためか、満ち切った満月よりも幸運なイメージでとらえられるようで、「新月の後の、最初の三日月を目撃すると幸運」「この時期に結婚式を挙げるとよい」などのジンクスもあります。

樹木が枝葉を広げ、草が繁茂していくように「勢力拡大」の時です。ここでの頑張りが後で重要になってくるので、頭で考えるよりも実際に行動に移していくといいでしょう。過去に失敗したことや、なかなか手をつけられずにいたことに挑戦するのもおすすめ。パワーがある時で、判断力も高まっているため、重要な物事の決定にも向いています。

「成長」ということは、外部から栄養分を吸収する力が高まっているということでもあります。そのため、この時期に摂取したものは体内に蓄積されやすいと言われています。つまり暴飲暴食をすれば、そのまま脂肪として身体についてしまう可能性が高いということ。逆に身体にいいものを取り入れればそれが身になります。栄養分に限らず、情報、人との関係など、自分に「取り入れるべきもの／排除すべきもの」を見極めましょう。

基本的に失敗やロスを恐れずに行動したい時ではありますが、この貴重な期間のエネルギーは無限にあるわけではありません。本当に達成したい目標に優先順位をつけて、効率よく動くようにしましょう。

するといいこと

「ふくらませる」「推し進める」「吸収する」といったキーワードから、最適な行動をイメージしてみましょう。ヘアカラーやネイルカラーなど、効果を持続させたいものがあるなら、この時期に行うと持ちがいいかもしれません。また穀物の種は成長の力が高まるこの時期（なかでも満月の直前）に蒔くのがよいと言われています。

【例】

- 味方や協力者を集める
- より高い目標を目指す
- 過去に失敗したことに再挑戦する
- 説得や交渉を行う
- 新たに何かを学び始める
- スポーツやマッサージをしてむくみを解消する
- 穀物の種を蒔く
- ハーブなどすぐ食べるものを収穫する
- 植物をより広いところへ植え替える
- 髪や爪のカラーリングをする

避けたほうがいいこと

積極的になりたい時期なので「考えすぎて動けない」ということのないように、失敗を恐れずに行動を。また自分に有害な影響を及ぼす恐れのあるものとは距離を置きましょう。特にネガティブな人物と一緒にいると影響を受けやすいので気をつけて。また悪い芽、想定外の芽が出てきてしまったなら、早めに摘むことも大事。

【例】

- 決断を先送りにする
- やすきに流れて妥協する
- 暴飲暴食をする
- 添加物、化学薬品など身体に有害なものを取り入れる
- ネガティブ思考の人と行動する
- 愚痴や噂話などに時間を費やす
- 怪しい人と接点を持つ
- 集中力を削ぐようなものを身の回りに置く
- どうでもいいことに力を使う

満月の期間の過ごし方

蒔いた種が見事に花開く時

月が丸く、満ち切るタイミングです。地上は月光で明るく照らし出されます。「満ちる」ということから、大きなお腹や豊かさ、充実感をイメージさせます。植物の成長で言うならば、新月に蒔いた種がすくすくと成長し、大輪の花を咲かせるタイミング。頑張ってきたことが実り、人に褒められたり、望んでいた結果が出て、うれしい気持ちになるでしょう。また「満月の日は出生率が高い」と言われるのも、「実る」「結果が出る」というイメージと重ね合わせる人が多いからかもしれません。

もしもこの時期、頑張ってきたのに花が咲かなかったなら、どこかで何かが間違っていたのかもしれないと考えてみましょう。種を蒔く時期、蒔く場所、育て方……もちろん、まだ機が熟していないだけの場合もありますが、一度、仕切り直して大幅に軌道修正したり、潔く諦めて次に行く、といった選択肢も視野に入れてみてください。

また満月の頃は「恋愛が盛り上がる時期」とも言われています。満月の夜と言えば狼男がつきものですが、どうやらこの日は気持ちが高揚しやすい傾向があるようです。親しい人たちとパーティーをすれば大いに盛り上がるでしょうし、高ぶった気持ちを創作活動にぶつければ、素晴らしい作品ができるはず。実は満月の光は女性の排卵を促すとも言われており、満月の光を浴びると妊娠しやすくなるという噂も……。

ただし満月は満ち切った状態であり、ここから欠けていきます。物事はここがピークで、徐々にパワーが落ちていくことを視野に入れておいたほうがいいでしょう。勢いに任せて押していくのではなく、ペースダウンしたほうがよさそうです。

するといいこと

「実る」「収穫する」「花開く」といったイメージで考えてみるといいでしょう。また古くは満月に最も地上の水分量が増えると考えられており、果実の収穫をするのにいいとされてきました。また代謝がよくなる時でもあるので、女性の場合は満月（もしくは新月）のタイミングで生理がくる人が多いとも言われています。

【例】
・計画の総仕上げを行う
・たっぷりと保湿をする
・果実を収穫する
・植物に肥料をやる
・結婚式やパーティーをする
・おしゃれをして出かける
・アートにふれる
・仲直り、和解をする
・意中の人に愛を打ち明ける
・スポーツに励む
・旬の食材や花を楽しむ

避けたほうがいいこと

この時期はよくも悪くも感情が高ぶりやすい傾向があるので、短気になってイライラしたり、ネガティブ思考に拍車がかかることがあるかもしれません。「今は満月の時期だから」と大らかに構え、気持ちをコントロールしましょう。また古くから「満月の時は出血量が増える」とも言われているので、怪我に注意を。

【例】
・気持ちのままに暴走する
・イライラして他人に八つ当たりをする
・強引に推し進める
・その場のノリで肉体関係を持つ
・我を失うほど酔う
・手術をする
・危険なことをする
・腐りやすいものを放置する

下弦の月の期間の過ごし方

Last Quarter

実りの末にできた種を次に備える時

次第に月が細くなり、闇の領域が大きくなっていきます。欠けていく月の様子が、自然界のエネルギーの衰えを暗示しているように見えたためか、下弦の期間にはあまり目立った行動を取らないことが多いようです。「この時期に種蒔きをすると、思ったように育たない」「この時期に新しい服を下ろすとすぐダメになる」というジンクスも……。

とはいえ、何もせずじっとしていなければならないわけではありません。植物の成長になぞらえるなら、花が咲いた後に実や種子ができる段階です。果実は乾燥させてドライフルーツにしたり、凝縮してジャムにしたりと保存食を作りますね。種は取り出して次の季節の準備をします。つまり「熟成させる」「備える」時期というイメージです。

古くは月の光が小さくなるにつれ、地上の水分量は減り、乾燥すると考えられました。そのため伸びすぎた枝葉の刈込み、雑草取り、動物の角取りや去勢（出血が少なくてすむのだとか）などが行われたそうです。そういう意味では「メンテナンス」にふさわしい時期とも言えるでしょう。すべてを吸収する上弦の時期の反対で、デトックスの力がある時ということです。

また「切る」「断つ」「捨てる」ことに向いています。不毛な恋、面倒な人間関係、家のガラクタなどの処分もぜひこの時期に。動きがない分、思考は冴えているので自分自身の心の中を見つめ直すのにも最適。占いが当たりやすい時期とも言われています。そうして身の回りの不要なものを捨てれば、次の新月で迷いなくスタートを切れるはずです。

するといいこと

「熟成させる」「無駄を削いで核を残す」「メンテナンス」などのイメージで、すべきことを考えてみましょう。体内から余分な水分が出やすくなるので、ダイエットを始めるのにもいいタイミングです。また、この時期に爪や髪を切ると伸びづらくなるので、切る回数を減らしたい人にはおすすめです。また掃除や洗濯物は、月が汚れを取り去ってくれるのでキレイになるという言い伝えも。

【例】
・ここまでの行動を分析、反省
・あらゆるものの保存と整理
・休息を取って心身を休める
・プチ断食をする
・歯医者に行く
・イボや魚の目の治療をする
・(伸びるのを遅らせたい人は) 髪や爪を切る
・掃除や洗濯を念入りにする
・保存食を作る
・占いをする

避けたほうがいいこと

新たに何かを始めようとしてもパワー不足で終わってしまうので、この段階は根回しやプランニングに留めておくのが得策です。また新月の前、3日間は特に魔が差しやすい時とも言われています。思いがけないミス、怪しい誘いなどには十分に注意して、慎重に振る舞ったほうがよさそうです。あらゆるものが「乾燥する」ため、傷口が乾きやすいとも。

【例】
・無理に拡大路線をとる
・普段はしないことに手を出す
・引っ越しや転職をする
・新しいものを下ろす
・ハードワークをする
・身体の不調を放置する
・やりたくないことを先延ばしにする
・植物の種を蒔く
・壊れたもの、汚れたものを放置する

毎日の生活にもっと月を！

月の魔法事典

月の力を取り込んで心穏やかに過ごす

古く、人々はこの世界のすべてのものは、地球を取り巻く惑星の神々の支配下にあると考えてきました。例えば赤いものを見ると興奮するのは、火星の神の所業である、というように。同時に赤を身の回りに取り入れることで、火星の神の力、行動力や積極性を自分のものにすることができると考えたのです。

なかでもここからご紹介するのは、様々な文化で「月と縁が深いもの」「月の支配下にあるもの」と考えられてきたものたちです。

特に月は「感情」を司る星ですから、心を癒したい時、不安感を解消したい時などに、こうした月にちなむアイテムの力を借りてみてはどうでしょう？　月の力がきっとあなたに宿るはず。

【犬】

月に向かって吠える犬は、月の女神と深い関連があると考えられてきました。なかでも魔術を司り、月の象徴である女神・ヘカテは、夜の三叉路に現れる際、犬を連れていると言われています。

【兎】

ヨーロッパ、アジア、北米など国を問わず、多くの文化圏で月と縁が深い動物とされるのが兎。妊娠期間が月の満ち欠けの周期と同じである、多産で繁殖力が旺盛であるということから、豊穣の象徴とされました。日本では「望月（満月のこと）」が「餅つき」に変化し、「月で餅をつく兎」という民話に発展したとも。ヨーロッパの代表的なお守り、ラビットフットは月の魔力が宿ると考えられました。

【牡牛】

ギリシャ神話の月の女神・セレーネ、エジプト神話の豊穣の女神・ハトホルなど、様々な女神の聖獣とされたのが牡牛。角の形を月に見立てていたとも。

【狼】

「満月の夜には狼男が現れる」というエピソードにもあるように、月と縁の深い動物の一つが狼。死肉を食べる狼は「再生」の象徴で、それが満ち欠けを繰り返す月と重ね合わされたのでしょう。


【蛾】

真夜中、光を求めて飛ぶ蛾。月の明かりに導かれて天へ上ろうとする霊魂であるとする言い伝えがあります。


【蛙】

生物の中でも月に関するエピソードが多いのが蛙。世界各地に「月には蛙が住んでいる」「蛙がジャンプして月に貼りついた」という伝説が残っています。


【亀】

暗い甲羅の中にこもったり、顔を出したりするさまが月のイメージと重なる亀。メキシコでは天に浮かぶ星々を管理している夜空の女神・マヤウエルは亀の甲羅の上に座っていると言われています。


【蜘蛛】

アンゴラの神話では、月の王女が大地の王子と結婚する際、月の蜘蛛が吐き出した銀の糸を伝って、地上に降りてきたと言われています。


【黄金虫】

エジプトでは黄金虫は月が満ち欠けする周期である約28日間、糞を地中にため、月のパワーを得ているという逸話が。


【魚】

潮の満ち干で最も月の影響を受ける海に生息する生物は、すべて月の管理下。魚座の占星術記号（♓）は満ちる三日月、欠ける三日月を意味するという説も。


【鹿】

ギリシャ神話の月の女神・アルテミスが連れているのが鹿。鹿の角の生え変わりが、月の満ち欠けを彷彿とさせることから、月と縁の深い動物とされました。


【朱鷺（とき）】

エジプトの知恵を司る神・トートは朱鷺の姿で描かれます。月に勝負を挑み、勝利した結果、「時間」を支配する力を得たというエピソードがあります。


【猫】

暗闇でも目が利く猫。エジプト神話において月と縁が深いとされたのは、猫の姿をした神・バステトです。なかでも黒猫は新月を象徴。また北欧神話における女神・フレイヤは2匹の猫が引く車に乗っていると言われています。


【蛍】

日本の代表的な民話「かぐや姫」ですが、かぐや姫が月に帰る際、悲しみからこぼした銀色の涙が蛍となった、というロマンティックな逸話があるそう。


【梟（ふくろう）】

コロンビアでは、月の女神は梟の姿になって地上に降りてくると考えられていました。また梟は知恵の女神であるアテナの眷属でもあります。


【蛇】

「知恵」の象徴である蛇は、ギリシャ神話ではアテナの持ち物。蛇の脱皮が、影を脱ぎ捨てる月の満ち欠けのイメージと重なったとも言われています。

【白い花】

新月の夜に、白い花を飾るとその後、1カ月間は幸福に守られるというジンクスがあります。なかでも「受胎告知」の際に大天使ガブリエルが手にしている白いユリは、純潔を意味します。またユリの香りには催淫効果があるとも。

【夜に咲く花】

夜だけに咲く白い花は、月の象徴です。有名なところでは「月下美人」は、まさに月光の下に立つ美人のイメージ。また「ヨルガオ」は英語では「Moonflower」と呼ばれます。

【バラ】

ギリシャの王妃が、あまりの美しさゆえに月の女神・ダイアナの嫉妬を買い、バラに姿を変えられたというエピソードが残っています。

【ポピー】

娘・ペルセポネを失い、悲しみに暮れていた豊穣の女神・デメテルがポピーに癒しを得たというエピソードがあり、安眠と深い関わりがあります。また、妊娠を促すとも。

【ジャスミン】

古くから月との関わりが深いと言われるのがジャスミン。白く薫り高い花を咲かせるのが特徴で、ジャスミンティーは眠気を誘い、ジャスミンのオイルは愛を引き寄せる媚薬とされています。

【ツバキ】

月と縁の深い花。水に浮かべておくと、月の波動を引き寄せるそう。金運を高める花とも言われています。

【イトスギ】

月の女神・アルテミスの聖木とされています。英語名では「サイプレス（Cypress）」、このアロマオイルを使うのもおすすめ。この他、針葉樹もアルテミスの加護を得ていると言われます。

【水分の多い野菜、果物】

月は「水」を司るため、水分を多く含んだ野菜は月の管轄になります。レタスは汁を額に塗るとリラックス効果が。きゅうりは種が多いことから多産の象徴で子宝に恵まれると言われています。果物ではメロンやマンゴーなど。

【甲殻類、貝類】

海老や蟹などの甲殻類、帆立や牡蠣などの貝類は、月の満ち欠けに応じて身が大きくなったり、新月や満月のタイミングで産卵を行うと言われています。

【クロワッサン】

新月の後に暗い夜が3日続いた後、三日月型のケーキを焼いて捧げたのが始まり。イタリア語の「成長する（Crescere）」、ラテン語の「創造する（Creare）」がその名の由来という説があります。

【白身の肉】

鶏肉やタラなどの白身の肉は、月の管轄にある食材です。

【乳製品】

月は母性と結びつきます。なおかつ白い食べものであるミルクやチーズ、バターといったものは月の力を宿した食べものと考えられています。

【バースデイケーキ】

古代ギリシャでは、満月の日になると女性たちが月の女神・アルテミスの誕生日として祝い、丸いケーキを捧げていたそう。

これが「バースデイケーキ」の原型になったという説があります。

【月餅（げっぺい）】

中国で、中秋の名月に食される月の形を模したお菓子が月餅。不老不死の薬を飲み、月の宮殿に上ってしまった美しい女性・嫦《じょう》娥《が》を偲び、夫が年に一度、お供えしたのが始まりと言われています。

【蜂蜜酒】

蜂は花の受粉の手伝いをすることから、子宝の象徴。ヨーロッパで、新婚の夫婦が30日間毎晩、蜂蜜酒を飲んで子宝祈願を行ったことに由来し、新婚旅行を「ハネムーン（Honeymoon）」と言うように。

【塩】

海からとれる塩は、月のエネルギーを宿していると考えられました。バスソルトを入れたお風呂は、月の力を取り込むのにおすすめです。

【矢】

矢は光の象徴であり、月の女神・アルテミスが持っている弓矢は、月光を表しています。またボリビアのシリオノ族には、月は夜ごと狩りに出かけているため、次第に顔が汚れていき、見えなくなっていく。キレイにその顔を洗うと満月になる、という言い伝えが残っています。

【メガネ】

フランス語の「メガネ（Lunettes）」は「小さな月」を意味する言葉からきています。

【井戸】

アイルランドでは女性が、井戸に映る月に「永遠の知恵」を願う風習があります。

【真珠】

海の中で育まれるジュエリーである真珠は、宝石の中で最も月と縁が深いもの。月を支配星とする蟹座の人の守護宝石でもあります。

【ムーンストーン】

乳白色の色合いと月光のようなシラー効果（薄青い光の筋）が見られることから、月にちなんだ宝石として有名。別名は「月長石」。生理痛や生理不順、難産など、女性特有の病気から守ってくれる力があるとされています。

【雨、雪、霧】

月は地上の水分を司り、雨や雪、霧などの自然現象は、月の力によって引き起こされるものとされてきました。

【雷】

ボリビアのシリオノ族の間では、月が天から豚やジャガーを投げると、それが雷に変化すると言われています。

【白】

月の女神が司る色は白。太陽光を受けて白く煌々と夜空に輝くさまは、神聖さ、神秘性を象徴します。

【紫】

日本の月の神、月読は紫色の衣をまとい、金の太刀を脇に差していると言われています。そのため紫も月を象徴するカラーです。

【銀】

古くから様々な文化圏で、太陽を金、月を銀と結びつける考え方がありました。これは太陽の光は金色、月の光は銀色をしていると考えられていたため。金は生命力の象徴、銀は浄化や魔除けを意味します。

【2016年〜2031年】月の満ち欠けカレンダー

今は月が満ちていく時なのか、欠けていく時なのか、意識しながら生活をしてみましょう。

2019年

1月	6日	新月 ●
	14日	上弦 ◐
	21日	満月 ○
	28日	下弦 ◑
2月	5日	新月 ●
	13日	上弦 ◐
	20日	満月 ○
	26日	下弦 ◑
3月	7日	新月 ●
	14日	上弦 ◐
	21日	満月 ○
	28日	下弦 ◑
4月	5日	新月 ●
	13日	上弦 ◐
	19日	満月 ○
	27日	下弦 ◑
5月	5日	新月 ●
	12日	上弦 ◐
	19日	満月 ○
	27日	下弦 ◑
6月	3日	新月 ●
	10日	上弦 ◐
	17日	満月 ○
	25日	下弦 ◑
7月	3日	新月 ●
	9日	上弦 ◐
	17日	満月 ○
	25日	下弦 ◑
8月	1日	新月 ●
	8日	上弦 ◐
	15日	満月 ○
	23日	下弦 ◑
	30日	新月 ●
9月	6日	上弦 ◐
	14日	満月 ○
	22日	下弦 ◑
	29日	新月 ●
10月	6日	上弦 ◐
	14日	満月 ○
	21日	下弦 ◑
	28日	新月 ●
11月	4日	上弦 ◐
	12日	満月 ○
	20日	下弦 ◑
	27日	新月 ●
12月	4日	上弦 ◐
	12日	満月 ○
	19日	下弦 ◑
	26日	新月 ●

2018年

1月	2日	満月 ○
	9日	下弦 ◑
	17日	新月 ●
	25日	上弦 ◐
	31日	満月 ○
2月	8日	下弦 ◑
	16日	新月 ●
	23日	上弦 ◐
3月	2日	満月 ○
	9日	下弦 ◑
	17日	新月 ●
	25日	上弦 ◐
	31日	満月 ○
4月	8日	下弦 ◑
	16日	新月 ●
	23日	上弦 ◐
	30日	満月 ○
5月	8日	下弦 ◑
	15日	新月 ●
	22日	上弦 ◐
	29日	満月 ○
6月	7日	下弦 ◑
	14日	新月 ●
	20日	上弦 ◐
	28日	満月 ○
7月	6日	下弦 ◑
	13日	新月 ●
	20日	上弦 ◐
	28日	満月 ○
8月	5日	下弦 ◑
	11日	新月 ●
	18日	上弦 ◐
	26日	満月 ○
9月	3日	下弦 ◑
	10日	新月 ●
	17日	上弦 ◐
	25日	満月 ○
10月	2日	下弦 ◑
	9日	新月 ●
	17日	上弦 ◐
	25日	満月 ○
11月	1日	下弦 ◑
	8日	新月 ●
	15日	上弦 ◐
	23日	満月 ○
	30日	下弦 ◑
12月	7日	新月 ●
	15日	上弦 ◐
	23日	満月 ○
	29日	下弦 ◑

2017年

1月	6日	上弦 ◐
	12日	満月 ○
	20日	下弦 ◑
	28日	新月 ●
2月	4日	上弦 ◐
	11日	満月 ○
	19日	下弦 ◑
	26日	新月 ●
3月	5日	上弦 ◐
	12日	満月 ○
	21日	下弦 ◑
	28日	新月 ●
4月	4日	上弦 ◐
	11日	満月 ○
	19日	下弦 ◑
	26日	新月 ●
5月	3日	上弦 ◐
	11日	満月 ○
	19日	下弦 ◑
	26日	新月 ●
6月	1日	上弦 ◐
	9日	満月 ○
	17日	下弦 ◑
	24日	新月 ●
7月	1日	上弦 ◐
	9日	満月 ○
	17日	下弦 ◑
	23日	新月 ●
	31日	上弦 ◐
8月	8日	満月 ○
	15日	下弦 ◑
	22日	新月 ●
	29日	上弦 ◐
9月	6日	満月 ○
	13日	下弦 ◑
	20日	新月 ●
	28日	上弦 ◐
10月	6日	満月 ○
	12日	下弦 ◑
	20日	新月 ●
	28日	上弦 ◐
11月	4日	満月 ○
	11日	下弦 ◑
	18日	新月 ●
	27日	上弦 ◐
12月	4日	満月 ○
	10日	下弦 ◑
	18日	新月 ●
	26日	上弦 ◐

2016年

1月	2日	下弦 ◑
	10日	新月 ●
	17日	上弦 ◐
	24日	満月 ○
2月	1日	下弦 ◑
	8日	新月 ●
	15日	上弦 ◐
	23日	満月 ○
3月	2日	下弦 ◑
	9日	新月 ●
	16日	上弦 ◐
	23日	満月 ○
4月	1日	下弦 ◑
	7日	新月 ●
	14日	上弦 ◐
	22日	満月 ○
	30日	下弦 ◑
5月	7日	新月 ●
	14日	上弦 ◐
	22日	満月 ○
	29日	下弦 ◑
6月	5日	新月 ●
	12日	上弦 ◐
	20日	満月 ○
	28日	下弦 ◑
7月	4日	新月 ●
	12日	上弦 ◐
	20日	満月 ○
	27日	下弦 ◑
8月	3日	新月 ●
	11日	上弦 ◐
	18日	満月 ○
	25日	下弦 ◑
9月	1日	新月 ●
	9日	上弦 ◐
	17日	満月 ○
	23日	下弦 ◑
10月	1日	新月 ●
	9日	上弦 ◐
	16日	満月 ○
	23日	下弦 ◑
	31日	新月 ●
11月	8日	上弦 ◐
	14日	満月 ○
	21日	下弦 ◑
	29日	新月 ●
12月	7日	上弦 ◐
	14日	満月 ○
	21日	下弦 ◑
	29日	新月 ●

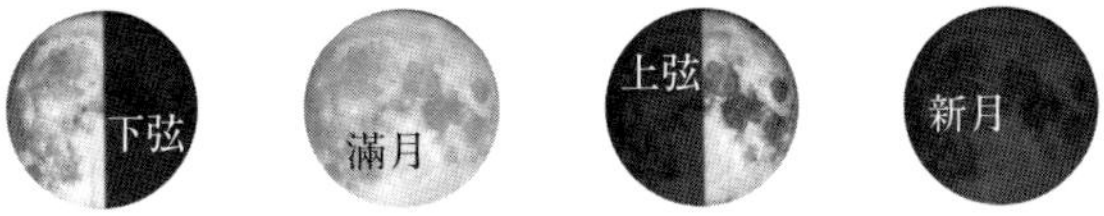

2023年			
1月	7日	満月	○
	15日	下弦	◑
	22日	新月	●
	29日	上弦	◐
2月	6日	満月	○
	14日	下弦	◑
	20日	新月	●
	27日	上弦	◐
3月	7日	満月	○
	15日	下弦	◑
	22日	新月	●
	29日	上弦	◐
4月	6日	満月	○
	13日	下弦	◑
	20日	新月	●
	28日	上弦	◐
5月	6日	満月	○
	12日	下弦	◑
	20日	新月	●
	28日	上弦	◐
6月	4日	満月	○
	11日	下弦	◑
	18日	新月	●
	26日	上弦	◐
7月	3日	満月	○
	10日	下弦	◑
	18日	新月	●
	26日	上弦	◐
8月	2日	満月	○
	8日	下弦	◑
	16日	新月	●
	24日	上弦	◐
	31日	満月	○
9月	7日	下弦	◑
	15日	新月	●
	23日	上弦	◐
	29日	満月	○
10月	6日	下弦	◑
	15日	新月	●
	22日	上弦	◐
	29日	満月	○
11月	5日	下弦	◑
	13日	新月	●
	20日	上弦	◐
	27日	満月	○
12月	5日	下弦	◑
	13日	新月	●
	20日	上弦	◐
	27日	満月	○

2022年			
1月	3日	新月	●
	10日	上弦	◐
	18日	満月	○
	25日	下弦	◑
2月	1日	新月	●
	8日	上弦	◐
	17日	満月	○
	24日	下弦	◑
3月	3日	新月	●
	10日	上弦	◐
	18日	満月	○
	25日	下弦	◑
4月	1日	新月	●
	9日	上弦	◐
	17日	満月	○
	23日	下弦	◑
5月	1日	新月	●
	9日	上弦	◐
	16日	満月	○
	23日	下弦	◑
	30日	新月	●
6月	7日	上弦	◐
	14日	満月	○
	21日	下弦	◑
	29日	新月	●
7月	7日	上弦	◐
	14日	満月	○
	20日	下弦	◑
	29日	新月	●
8月	5日	上弦	◐
	12日	満月	○
	19日	下弦	◑
	27日	新月	●
9月	4日	上弦	◐
	10日	満月	○
	18日	下弦	◑
	26日	新月	●
10月	3日	上弦	◐
	10日	満月	○
	18日	下弦	◑
	25日	新月	●
11月	1日	上弦	◐
	8日	満月	○
	16日	下弦	◑
	24日	新月	●
	30日	上弦	◐
12月	8日	満月	○
	16日	下弦	◑
	23日	新月	●
	30日	上弦	◐

2021年			
1月	6日	下弦	◑
	13日	新月	●
	21日	上弦	◐
	29日	満月	○
2月	5日	下弦	◑
	12日	新月	●
	20日	上弦	◐
	27日	満月	○
3月	6日	下弦	◑
	13日	新月	●
	21日	上弦	◐
	29日	満月	○
4月	4日	下弦	◑
	12日	新月	●
	20日	上弦	◐
	27日	満月	○
5月	4日	下弦	◑
	12日	新月	●
	20日	上弦	◐
	26日	満月	○
6月	2日	下弦	◑
	10日	新月	●
	18日	上弦	◐
	25日	満月	○
7月	2日	下弦	◑
	10日	新月	●
	17日	上弦	◐
	24日	満月	○
	31日	下弦	◑
8月	8日	新月	●
	16日	上弦	◐
	22日	満月	○
	30日	下弦	◑
9月	7日	新月	●
	14日	上弦	◐
	21日	満月	○
	29日	下弦	◑
10月	6日	新月	●
	13日	上弦	◐
	20日	満月	○
	29日	下弦	◑
11月	5日	新月	●
	11日	上弦	◐
	19日	満月	○
	27日	下弦	◑
12月	4日	新月	●
	11日	上弦	◐
	19日	満月	○
	27日	下弦	◑

2020年			
1月	3日	上弦	◐
	11日	満月	○
	17日	下弦	◑
	25日	新月	●
2月	2日	上弦	◐
	9日	満月	○
	16日	下弦	◑
	24日	新月	●
3月	3日	上弦	◐
	10日	満月	○
	16日	下弦	◑
	24日	新月	●
4月	1日	上弦	◐
	8日	満月	○
	15日	下弦	◑
	23日	新月	●
5月	1日	上弦	◐
	7日	満月	○
	14日	下弦	◑
	23日	新月	●
	30日	上弦	◐
6月	6日	満月	○
	13日	下弦	◑
	21日	新月	●
	28日	上弦	◐
7月	5日	満月	○
	13日	下弦	◑
	21日	新月	●
	27日	上弦	◐
8月	4日	満月	○
	12日	下弦	◑
	19日	新月	●
	26日	上弦	◐
9月	2日	満月	○
	10日	下弦	◑
	17日	新月	●
	24日	上弦	◐
10月	2日	満月	○
	10日	下弦	◑
	17日	新月	●
	23日	上弦	◐
	31日	満月	○
11月	8日	下弦	◑
	15日	新月	●
	22日	上弦	◐
	30日	満月	○
12月	8日	下弦	◑
	15日	新月	●
	22日	上弦	◐
	30日	満月	○

2027年

1月	8日	新月	●
	16日	上弦	◐
	22日	満月	○
	29日	下弦	◑
2月	7日	新月	●
	14日	上弦	◐
	21日	満月	○
	28日	下弦	◑
3月	8日	新月	●
	16日	上弦	◐
	22日	満月	○
	30日	下弦	◑
4月	7日	新月	●
	14日	上弦	◐
	21日	満月	○
	29日	下弦	◑
5月	6日	新月	●
	13日	上弦	◐
	20日	満月	○
	28日	下弦	◑
6月	5日	新月	●
	11日	上弦	◐
	19日	満月	○
	27日	下弦	◑
7月	4日	新月	●
	11日	上弦	◐
	19日	満月	○
	27日	下弦	◑
8月	2日	新月	●
	9日	上弦	◐
	17日	満月	○
	25日	下弦	◑
9月	1日	新月	●
	8日	上弦	◐
	16日	満月	○
	23日	下弦	◑
	30日	新月	●
10月	7日	上弦	◐
	15日	満月	○
	23日	下弦	◑
	29日	新月	●
11月	6日	上弦	◐
	14日	満月	○
	21日	下弦	◑
	28日	新月	●
12月	6日	上弦	◐
	14日	満月	○
	20日	下弦	◑
	28日	新月	●

2026年

1月	3日	満月	○
	11日	下弦	◑
	19日	新月	●
	26日	上弦	◐
2月	2日	満月	○
	9日	下弦	◑
	17日	新月	●
	24日	上弦	◐
3月	3日	満月	○
	11日	下弦	◑
	19日	新月	●
	26日	上弦	◐
4月	2日	満月	○
	10日	下弦	◑
	17日	新月	●
	24日	上弦	◐
5月	2日	満月	○
	10日	下弦	◑
	17日	新月	●
	23日	上弦	◐
	31日	満月	○
6月	8日	下弦	◑
	15日	新月	●
	22日	上弦	◐
	30日	満月	○
7月	8日	下弦	◑
	14日	新月	●
	21日	上弦	◐
	29日	満月	○
8月	6日	下弦	◑
	13日	新月	●
	20日	上弦	◐
	28日	満月	○
9月	4日	下弦	◑
	11日	新月	●
	19日	上弦	◐
	27日	満月	○
10月	3日	下弦	◑
	11日	新月	●
	19日	上弦	◐
	26日	満月	○
11月	2日	下弦	◑
	9日	新月	●
	17日	上弦	◐
	24日	満月	○
12月	1日	下弦	◑
	9日	新月	●
	17日	上弦	◐
	24日	満月	○
	31日	下弦	◑

2025年

1月	7日	上弦	◐
	14日	満月	○
	22日	下弦	◑
	29日	新月	●
2月	5日	上弦	◐
	12日	満月	○
	21日	下弦	◑
	28日	新月	●
3月	7日	上弦	◐
	14日	満月	○
	22日	下弦	◑
	29日	新月	●
4月	5日	上弦	◐
	13日	満月	○
	21日	下弦	◑
	28日	新月	●
5月	4日	上弦	◐
	13日	満月	○
	20日	下弦	◑
	27日	新月	●
6月	3日	上弦	◐
	11日	満月	○
	19日	下弦	◑
	25日	新月	●
7月	3日	上弦	◐
	11日	満月	○
	18日	下弦	◑
	25日	新月	●
8月	1日	上弦	◐
	9日	満月	○
	16日	下弦	◑
	23日	新月	●
	31日	上弦	◐
9月	8日	満月	○
	14日	下弦	◑
	22日	新月	●
	30日	上弦	◐
10月	7日	満月	○
	14日	下弦	◑
	21日	新月	●
	30日	上弦	◐
11月	5日	満月	○
	12日	下弦	◑
	20日	新月	●
	28日	上弦	◐
12月	5日	満月	○
	12日	下弦	◑
	20日	新月	●
	28日	上弦	◐

2024年

1月	4日	下弦	◑
	11日	新月	●
	18日	上弦	◐
	26日	満月	○
2月	3日	下弦	◑
	10日	新月	●
	17日	上弦	◐
	24日	満月	○
3月	4日	下弦	◑
	10日	新月	●
	17日	上弦	◐
	25日	満月	○
4月	2日	下弦	◑
	9日	新月	●
	16日	上弦	◐
	24日	満月	○
5月	1日	下弦	◑
	8日	新月	●
	15日	上弦	◐
	23日	満月	○
	31日	下弦	◑
6月	6日	新月	●
	14日	上弦	◐
	22日	満月	○
	29日	下弦	◑
7月	6日	新月	●
	14日	上弦	◐
	21日	満月	○
	28日	下弦	◑
8月	4日	新月	●
	13日	上弦	◐
	20日	満月	○
	26日	下弦	◑
9月	3日	新月	●
	11日	上弦	◐
	18日	満月	○
	25日	下弦	◑
10月	3日	新月	●
	11日	上弦	◐
	17日	満月	○
	24日	下弦	◑
11月	1日	新月	●
	9日	上弦	◐
	16日	満月	○
	23日	下弦	◑
12月	1日	新月	●
	9日	上弦	◐
	15日	満月	○
	23日	下弦	◑
	31日	新月	●

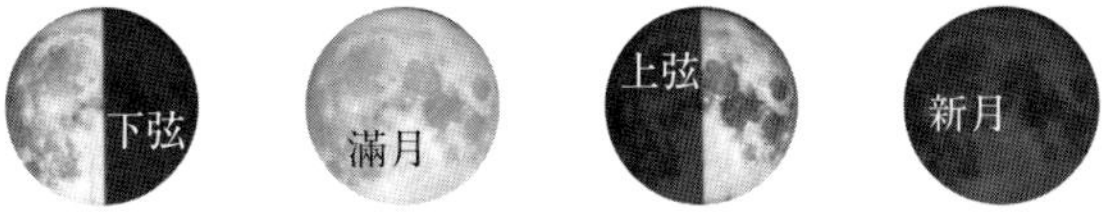

2031年

1月	9日	満月 ○
	16日	下弦 ◑
	23日	新月 ●
	30日	上弦 ◐
2月	7日	満月 ○
	15日	下弦 ◑
	22日	新月 ●
3月	1日	上弦 ◐
	9日	満月 ○
	16日	下弦 ◑
	23日	新月 ●
	31日	上弦 ◐
4月	8日	満月 ○
	14日	下弦 ◑
	22日	新月 ●
	30日	上弦 ◐
5月	7日	満月 ○
	14日	下弦 ◑
	21日	新月 ●
	29日	上弦 ◐
6月	5日	満月 ○
	12日	下弦 ◑
	20日	新月 ●
	28日	上弦 ◐
7月	5日	満月 ○
	11日	下弦 ◑
	19日	新月 ●
	27日	上弦 ◐
8月	3日	満月 ○
	10日	下弦 ◑
	18日	新月 ●
	26日	上弦 ◐
9月	1日	満月 ○
	9日	下弦 ◑
	17日	新月 ●
	24日	上弦 ◐
10月	1日	満月 ○
	8日	下弦 ◑
	16日	新月 ●
	23日	上弦 ◐
	30日	満月 ○
11月	7日	下弦 ◑
	15日	新月 ●
	21日	上弦 ◐
	29日	満月 ○
12月	7日	下弦 ◑
	14日	新月 ●
	21日	上弦 ◐
	29日	満月 ○

2030年

1月	4日	新月 ●
	11日	上弦 ◐
	20日	満月 ○
	27日	下弦 ◑
2月	3日	新月 ●
	10日	上弦 ◐
	18日	満月 ○
	25日	下弦 ◑
3月	4日	新月 ●
	12日	上弦 ◐
	20日	満月 ○
	26日	下弦 ◑
4月	3日	新月 ●
	11日	上弦 ◐
	18日	満月 ○
	25日	下弦 ◑
5月	2日	新月 ●
	11日	上弦 ◐
	17日	満月 ○
	24日	下弦 ◑
6月	1日	新月 ●
	9日	上弦 ◐
	16日	満月 ○
	23日	下弦 ◑
7月	1日	新月 ●
	8日	上弦 ◐
	15日	満月 ○
	22日	下弦 ◑
	30日	新月 ●
8月	7日	上弦 ◐
	13日	満月 ○
	21日	下弦 ◑
	29日	新月 ●
9月	5日	上弦 ◐
	12日	満月 ○
	20日	下弦 ◑
	27日	新月 ●
10月	4日	上弦 ◐
	11日	満月 ○
	19日	下弦 ◑
	27日	新月 ●
11月	2日	上弦 ◐
	10日	満月 ○
	18日	下弦 ◑
	25日	新月 ●
12月	2日	上弦 ◐
	10日	満月 ○
	18日	下弦 ◑
	25日	新月 ●
	31日	上弦 ◐

2029年

1月	1日	満月 ○
	7日	下弦 ◑
	15日	新月 ●
	23日	上弦 ◐
	30日	満月 ○
2月	6日	下弦 ◑
	13日	新月 ●
	22日	上弦 ◐
3月	1日	満月 ○
	7日	下弦 ◑
	15日	新月 ●
	23日	上弦 ◐
	30日	満月 ○
4月	6日	下弦 ◑
	14日	新月 ●
	22日	上弦 ◐
	28日	満月 ○
5月	5日	下弦 ◑
	13日	新月 ●
	21日	上弦 ◐
	28日	満月 ○
6月	4日	下弦 ◑
	12日	新月 ●
	19日	上弦 ◐
	26日	満月 ○
7月	4日	下弦 ◑
	12日	新月 ●
	18日	上弦 ◐
	25日	満月 ○
8月	2日	下弦 ◑
	10日	新月 ●
	17日	上弦 ◐
	24日	満月 ○
9月	1日	下弦 ◑
	8日	新月 ●
	15日	上弦 ◐
	23日	満月 ○
10月	1日	下弦 ◑
	8日	新月 ●
	14日	上弦 ◐
	22日	満月 ○
	30日	下弦 ◑
11月	6日	新月 ●
	13日	上弦 ◐
	21日	満月 ○
	29日	下弦 ◑
12月	5日	新月 ●
	13日	上弦 ◐
	21日	満月 ○
	28日	下弦 ◑

2028年

1月	5日	上弦 ◐
	12日	満月 ○
	19日	下弦 ◑
	27日	新月 ●
2月	4日	上弦 ◐
	11日	満月 ○
	17日	下弦 ◑
	25日	新月 ●
3月	4日	上弦 ◐
	11日	満月 ○
	18日	下弦 ◑
	26日	新月 ●
4月	3日	上弦 ◐
	9日	満月 ○
	17日	下弦 ◑
	25日	新月 ●
5月	2日	上弦 ◐
	9日	満月 ○
	16日	下弦 ◑
	24日	新月 ●
	31日	上弦 ◐
6月	7日	満月 ○
	15日	下弦 ◑
	23日	新月 ●
	29日	上弦 ◐
7月	7日	満月 ○
	15日	下弦 ◑
	22日	新月 ●
	29日	上弦 ◐
8月	5日	満月 ○
	13日	下弦 ◑
	20日	新月 ●
	27日	上弦 ◐
9月	4日	満月 ○
	12日	下弦 ◑
	19日	新月 ●
	25日	上弦 ◐
10月	4日	満月 ○
	11日	下弦 ◑
	18日	新月 ●
	25日	上弦 ◐
11月	2日	満月 ○
	10日	下弦 ◑
	16日	新月 ●
	24日	上弦 ◐
12月	2日	満月 ○
	9日	下弦 ◑
	16日	新月 ●
	24日	上弦 ◐

Column【コラム】

毎日の「月」の変化に気づいていますか？

帰り道、ふと空を見上げたら、いつもより大きく、明るい月が自分に迫ってくるように感じてドキッとした……なんて経験はありませんか？

実は月は日々、変化しています。満ち欠けだけではなく、見える位置、時間、そして大きさまでも違うのです。まずは月相ごとの、大まかな月の見え方の目安です。

【月の見え方】

	月の位置	月の出	月の入り	見える時間
新月	太陽の近く（0度）	日の出頃	日の入り頃	見えない
上弦	太陽から90度	正午	真夜中	夕方から夜
満月	太陽と反対側（180度）	日の入り頃	日の出頃	夜間
下弦	太陽から90度	真夜中	正午	真夜中から早朝

また月の大きさも日々、変わっていることにお気づきでしょうか。実は月の軌道は真円ではなく、楕円になっています。そのため地球に接近する時には大きく見え、離れた時には小さく見えます。とはいえその周期が約27・3日ですから、だいたい月に1回は「大きな月」を見ているということに（本来は肉眼ではわからない

くらいの変化なのですが……)。

月が最も地球に近づくポイントを「近地点」、遠く離れるポイントを「遠地点」といいます。そしてそこにちょうど新月や満月が重なることがあります。これが「スーパームーン」です。最近はインターネットなどでも話題になっているので、ご存じの方もいるかもしれませんね。

これは1979年にアメリカの占星術家リチャード・ノルという人物が提唱した考え方で、スーパームーンの時には、月の力がいつも以上に大きくなると考えられているのだとか。

記憶に新しいところでは2011年の3月、東日本大震災の約1週間後にスーパームーンが起きています。もちろん地震との因果関係が明らかになっているわけではありません。また満月のスーパームーンばかりが取り上げられますが、新月も含めれば年に3~4回起きているので、そう珍しい現象でもありません。それでも「スーパームーン」と言われれば、何か特別な気持ちになりますし、夜空を見上げてみたくなるものです。

こうしたことも頭に入れながら、月を見上げてみるとその変化に驚くかもしれませんね。

さて、今宵はどんな月が昇っているのでしょうか?

巻末付録

月と占星術

西洋占星術において、
月はとても重要な位置づけにあります。
そこでホロスコープの中の「月」を
いろいろな角度から分析していきましょう。

※ここからは自分のホロスコープが手元にあるとより詳しくわかります。
月と太陽の度数、月星座、ドラゴンヘッドはたいていのホロスコープで表示されますが、
リリスを割り出せるサイトとしては以下のものがあります。
「ASTRO DIENST」http://www.astro.com/（英語サイト、日本語表示あり）

月と占星術①

月と太陽のアスペクト

太陽と月の織りなす角度でわかる二人の愛の形

第2章では、あなたが生まれた日の太陽と月の角度、つまり月相を割り出してきましたが、ここからはあなたとあなたの思い人、「二人の関係を月の満ち欠けになぞらえると、どんな形をしているのか」という非常にロマンティックな占いの技法をご紹介しましょう。

占星術で男女の相性を見る際、男性の太陽と、女性の月がどんな角度を取っているかということがとても重視されます。なぜなら男性にとっての理想の妻を表すのが月、女性にとっての理想の夫を表すのが太陽だから。つまりこの二つの天体が調和的な角度にあれば、二人の相性はとてもいいということになるのです。

ここでは角度だけではなく、それが満ちていこうとしているのか、欠けていこうとしているのかという視点を加えることによって、また違った相性の一面が見えてくるでしょう。

ただ気をつけてほしいのは、「満ちているから相性がいい」「欠けているから愛情がない」ということでは決してないということ。夜空の月はどんな形でも趣があります。あくまでもここで解説しているのは、それぞれの「愛の形」。激しいタイプなのか、大人っぽいタイプなのか、という性質であるということを心に留めてください。

「アスペクト」の出し方

この占いをするために必要なのは、天体の度数を出せるホロスコープです。ぜひインターネットなどで調べてみてください。

【度数の表示例】 ※分以下は切り捨てで考えてください。

23♐ 19′ 24″➡射手座の 23 度 19 分 24 秒 ➡ **射手座の 23 度**

12♌ 23′ 11″➡獅子座の 12 度 23 分 11 秒 ➡ **獅子座の 12 度**

出し方

必要なデータは、男性の太陽、女性の月、それぞれの度数です。

①割り出した星の配置を右のホロスコープに書き込みます。

②男性の太陽から見て、女性の月が何度離れているかを数えます。1星座は 30 度、反時計回りに数えます。

③②で出た度数を下の表で調べた結果が 2 人の関係を示すルネーションタイプになります。

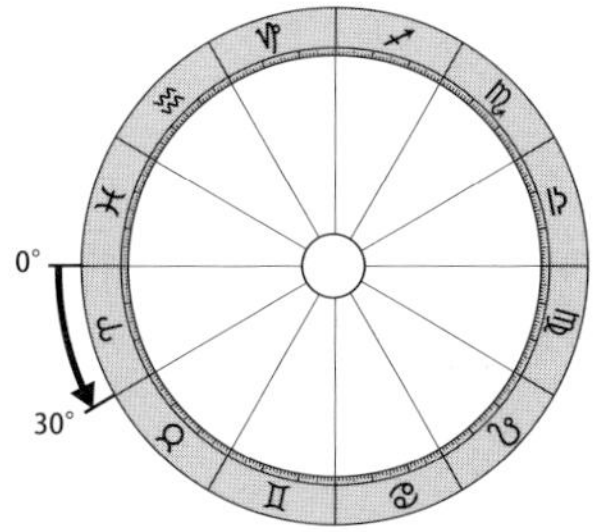

【太陽と月のアスペクト表】

0〜47度	ニュームーン
48〜83度	クレセントムーン
84〜131度	ファーストクオーター
132〜179度	ギバウスムーン
180〜227度	フルムーン
228〜275度	ディセミネイティングムーン
276〜311度	サードクオーター
312〜359度	バルサミックムーン

例 **男性の太陽が獅子座 24 度、女性の月が蠍座 13 度だった場合**

二人の星座は 2 星座離れています。1星座は 30 度ですから 30 × 2 = 60 度となります。太陽が獅子座の 24 度ということは次の乙女座まで 6 度、さらに月が蠍座の 13 度なのでこれらを足し、60 度 +6 度 + 13 度 = 79 度。これを表で見ると、48 度〜 83 度の間なので「クレセントムーン」になります。

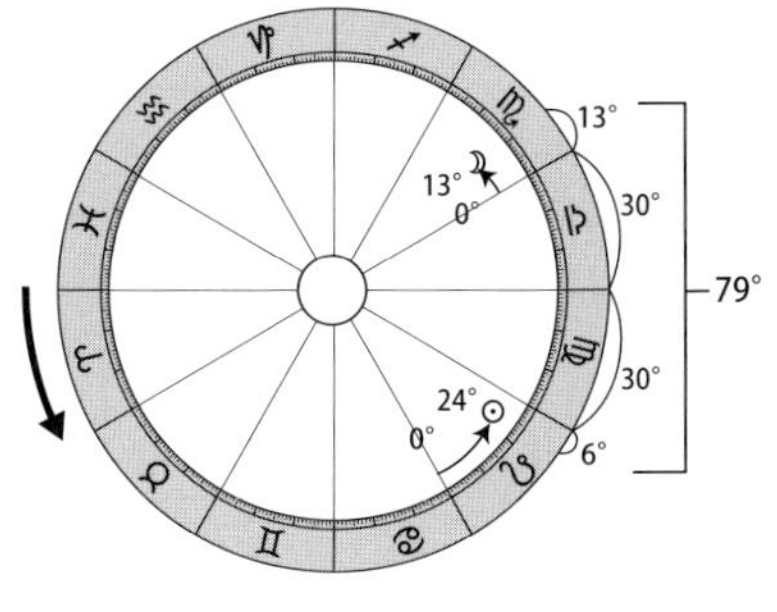

二人の関係が

ニュームーン

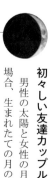

結婚に至る確率が高い二人

男性の太陽と女性の月がニュームーンの場合、「似た者同士」の二人です。これは伝統的に「結婚のアスペクト」と言われており、男性がリードし、女性がそれに従う形になることを意味しています。共通点が多いので一緒にいて葛藤が少なく、スムーズにわかり合うことができるでしょう。ただし相性がよすぎるあまり、なれ合いの関係になりがち。またお互いに似ているからこそ、相手の欠点が気になって仕方がないということもありそうです。

二人の関係が

クレセントムーン

初々しい友達カップル

男性の太陽と女性の月がクレセントムーンの場合、生まれたての月のように初々しさのある関係となります。友達から発展して自然な形で交際が始まるでしょう。つき合い始めてからも、相手を束縛することなく自由な関係性を楽しみます。ただし目移りしやすく、関係を維持する力に欠けるため、長続きさせるには互いの努力が必要に。とはいえ居心地のいい関係なので、失ってから「こんなに相性のいい人はいなかった」と気づくことも。

二人の関係が

ファーストクオーター

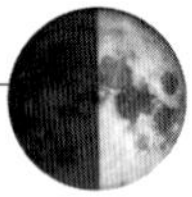

違うからこそ惹かれ合う

男性の太陽と女性の月がファーストクオーターの場合、互いの価値観の相違が目立ちます。第一印象で相容れないと感じ、慎重に相手の人となりを見極めるので、恋が始まるまでに時間がかかるかもしれません。つき合い始めてからもツーカーの仲というわけにはいかず、いちいち衝突が絶えないでしょう。でもそのたびに、とことんぶつかり合い、しっかりと相手を理解することができるので、危機を乗り越えるごとに絆が強まり、長続きしやすい関係です。

二人の関係が

ギバウスムーン

女性主導のドラマティックな恋

男性の太陽と女性の月がギバウスムーンの場合、満月に近づきつつある月が、女性側の力をアップさせます。そのためアクティブで自由奔放な女性を、男性が温かく見守るような関係になりやすいかもしれません。出会ってすぐに運命的なものを感じやすく、急速に惹かれ合いドラマティックな展開をたどります。若干、男性側に頼りなさを感じることもあるかもしれませんが、肝心な場面では二人で決めるようにするとうまくいくでしょう。

二人の関係が

フルムーン

反発から恋が生まれる

男性の太陽と女性の月がフルムーンの場合、劇的に惹かれ合う関係です。とはいえ最初は好意というよりも、反発を覚えることのほうが多いかもしれません。でもだからこそ気になり、相手を目で追ってしまうことが増えるでしょう。互いの得意分野が違うということは不足を補える関係でもあります。つまり、とても結婚向きの相性です。歩み寄ったり、折れたりと、バランスを取りながらつき合えれば、これほど刺激的で心強い関係はありません。

二人の関係が

ディセミネイティングムーン

男性側が強力にエスコート

男性の太陽と女性の月がディセミネイティングムーンの場合、この二人が出会った時、互いに「この人は他の人とは何かが違う」というような特別なものを感じ取るでしょう。セクシャルなムードが漂いやすく、身体の関係からスタートすることも。男性がリードして恋が始まることが多く、何もかもお膳立てしてくれるので、女性は相手にすべてお任せで進行していくでしょう。ただし試練に直面すると途端に弱腰になってしまいます。

二人の関係が

サードクオーター

成熟した大人同士のパートナー

男性の太陽と女性の月がサードクオーターの場合、社会的な場所、例えば会社や仕事がらみの場で出会うことが多いかもしれません。情熱に身を任せるというよりも、お互いに「いい大人」として振る舞ううちに、次第に信頼を深めていくでしょう。ロマンティックなムードになりにくく、燃え上がりづらい傾向はありますが、人生を共に歩むパートナーとしては最適。同じ目的を達成するために互いの得意分野で力を合わせることになります。

二人の関係が

バルサミックムーン

危険な香りが漂う、ただならぬ関係

男性の太陽と女性の月がバルサミックムーンの場合、一見、落ち着いていて安定しているように見えますが、内には熱いものを秘めている関係性です。意識を意味する太陽の光が暗闇に溶けていくため、本能の欲求に抗えなくなります。互いに、他にパートナーがいるなど複数の恋を同時進行したり、道ならぬ恋に落ちやすい関係とも言えるでしょう。深い心の結びつきを感じられる関係ではありますが、長続きしづらい側面があるかもしれません。

月と占星術②

月星座

日々、星座を変える月が感情に訴えかけるもの

第4章で月の満ち欠けに即した過ごし方をご紹介しましたが、日々の月の性質を読み解く、もう一つの指標があります。それが「月星座」です。

占星術の仕組みを簡単にご説明しますと、占星術はその瞬間の「地球を中心にして宇宙を見た時の星の配置」を描いたホロスコープを用いて様々な解釈をしていきます。ここでいう星とは、水星・金星・火星・木星・土星・天王星・海王星・冥王星、そして太陽と月です。この時、星がどこに位置していたかを表すのに用いられるのが「星座」です。星座は番地のようなもので、普段、あなたが「自分は獅子座」と言っているなら、あなたの出生時、太陽は獅子座の方向にあったことを意味しています。つまり12星座占いとは「太陽星座占い」なのです。

太陽に次いで重要な星が月です。月はだいたい2～3日で星座を移動します。そのため同じ「牡羊座生まれ」の人でも、日付や生まれた時間が違えば月の星座は異なることになります。

月が示すのは「感情」です。常識に縛られず、本能に忠実で、感情をそのまま出すことをためらわない、その人の「素の部分」が、月星座によって表されます。

またテレビやインターネットの「毎日の運勢」は月の動きに基づいていることが多いようです。月がどの星座を運行しているかで星座ごとに受ける影響が異なると考えるのです。

新月の日のおまじないのブームに伴い、「今日の新月には特にこんな願いをかけるといい」というリストが紹介されていることがありますね。これはその新月が何座の位置で起こるかということに基づいています。牡羊座の新月なら「始まり（牡羊座の象徴）に関する願い事」、乙女座の新月なら「健康（乙女座の象徴）に関する願い事」というふうになるのです。

ここにさらに満ち欠けの考え方を加えると、どうなるでしょう？　月が新月から満月へと満ちる期間なら、月が成長し、光を増していく期間ですから、その星座のテーマについて「積極的になる」「具体的な行動を起こす」のがよい、と言えると思います。逆に満月から新月へと欠けていく期間なら、月が少しずつ衰え、闇の領域が増していく期間ですから、その星座の意味する事柄を「調整する」「減らしていく」、もしくは「内面的にする」というふうに考えるといいでしょう。

このように考えていくと、新月や満月など特別な日だけに限らず、毎日、その月の力を実感しながら、月に沿った生活することができるのではないでしょうか。

「今日、月は何座にあるか」を調べたい時は、僕の公式サイト（http://ryuji.tv/）で公開しているその日のホロスコープをチェックしてください。また月が満ちていく時なのか、欠けていく時なのかは144ページからの「月の満ち欠けカレンダー」を参考にするといいでしょう。

牡羊座の月

ARIES

○満ちる時

新しい物事を始める、勝負をかける、初めての顔合わせ、アイデアを人に話したり企画書にまとめる、見知らぬ人のいる場に足を運ぶ、恐れずに言いたいことを言う、勝気に振る舞う。

●欠ける時

勇気ある撤退、戦略をもう一度見直す、「やりすぎ」に気をつける、退路を確認しておく、周囲への気配りを欠かさない、スポーツやゲームでストレスを発散する。

牡牛座の月

TAURUS

○満ちる時

衣食住を満たす、芸術鑑賞をする、最後までじっくり粘る、グルメを楽しむ、五感をフルに活用する、他の人に振り回されず自分を貫く、美しい人を愛でる、女子会をする。

●欠ける時

ペース配分の調整を行う、集中して遅れを取り戻す、頑固になっていないか反省する、生活の不足品を補充する、明細などを確認して無駄遣いをチェックする、増えた分の体重を元に戻す。

双子座の月

GEMINI

○満ちる時

おもしろそうなものを探す、積極的に人と会う、知り得たことを人に伝達する、すぐにリアクションする、雑誌を買う、講座やセミナーに参加する、雑談に気軽に応じる。

●欠ける時

興味の対象を絞り込む、広がりすぎた人との関係を整理する、話す前に一度考える、言葉数を減らす、自分自身と対話をする、いらない雑誌や本を捨てる。

蟹座の月

CANCER

○満ちる時

困っている人に声をかける、親しい人たちとパーティーを行う、大事な人の相談に乗る、感情を積極的に表現する、誰かのために戦う、料理をする、家の増築を行う。

●欠ける時

過干渉になっていないか顧みる、甘やかさない、人に八つ当たりしない、気持ちの揺れを自覚する、掃除や洗濯など汚れを落とす作業に力を入れる、家の修繕を行う。

獅子座の月

LEO

○満ちる時

人の目を気にせずに言いたいことを言う、人前に立つ、人々をまとめる、コンサートや観劇に行く、創作活動を行う、思いきりはしゃぐ、レジャーをする、派手な服を着る。

●欠ける時

出すぎたマネをするのはやめる、頑固にならず自分の非を認める、あえて多くを語らずに皆を見守る、生活のリズムを整える、暴飲暴食をやめる、やるべきことを片づける。

乙女座の月

VIRGO

○満ちる時

計算などミスしてはいけない作業を行う、周囲の動向に目を配る、相手のためになることはきちんと言う、より完璧な仕上がりを目指す、何かを育てる、サプリメントを摂る。

●欠ける時

張り詰めた気持ちをリラックスさせる、身体のケアやメンテナンスを行う、自己批判的な考え方をするのはやめる、神経質に考えすぎないようにする、失敗を次に活かす。

天秤座の月

LIBRA

○満ちる時

積極的に出会いの場へ赴く、交渉を行う、人と人を引き合わせる、相手を褒める、差し入れをする、ウインドーショッピングをする、服やコスメを買う、ヘアサロンへ行く。

●欠ける時

外食続きなら自炊をする、食べすぎ飲みすぎに注意、自分の顔や体形をチェックしてバランスが悪いところを正す、増えすぎた服やコスメを減らす、鏡を磨く。

蠍座の月

SCORPIO

○満ちる時

一つのことにとことん集中する、好きなものにこだわる、大切な人と一歩踏み込んだ会話をする、大きなお金を動かす、相手の心理を見抜く、セクシャルな魅力を磨く。

●欠ける時

相手の人となりを観察する、疑いや妬みなど負の感情をコントロールする、適度に息抜きをする、不要な下着を処分する、トイレや排水溝など目に見えない場所の掃除をする。

射手座の月

SAGITTARIUS

○満ちる時

未知の場所を歩く、旅行をする、憧れの人に会いに行く、新しい本を手に入れる、楽天的に考える、考えるより前に行動する、夢を思い描く、哲学書を読む、語学を学ぶ。

●欠ける時

旅行のプランを練る、読書などで〝精神の旅〟に出る、もう読まなくなった本を捨てる、スクワットをする、希望的観測はやめて現状を正しく認識する、ルールを守る。

山羊座の月

CAPRICORN

○満ちる時

目上の人と行動を共にする、父親と話をする、尊敬する人にコンタクトを取る、自分のすべきことを全うする、ズルや手抜きをしない、より高い目標を目指す、シビアに考える。

●欠ける時

過剰な野心を抑える、あえて譲る余裕を見せる、プランを見直し無駄を省く、次回のための根回しをする、水面下でコネクションを作る、固定観念に縛られない、意固地にならない。

水瓶座の月

AQUARIUS

○満ちる時

ひらめきやアイデアを口にする、世間体にとらわれない、古いものを刷新する、感情よりも理性を重視する、ネットで発信・拡散をする、サークルやコミュニティーに参加する。

●欠ける時

理屈だけで押し切ろうとしない、他人や自分の気持ちを考える、突飛な行動は控える、意味のないネット上のつながりを減らす、壊れた電化製品を捨てる、皮肉は控えめに。

魚座の月

PISCES

○満ちる時

他人に助けの手を差し伸べる、悩み相談に乗る、積極的に場を和ませる、飲みに行く、音楽を楽しむ、占いをする、優しい言葉をかける、直感を優先する、夢分析をする。

●欠ける時

同情心が行きすぎていないか顧みる、依存や甘えを断ち切る、泣ける映画を観る、感傷的になりすぎない、お酒を飲みすぎない、自己犠牲や自己批判をやめる。

月と占星術③

ドラゴンヘッド（ドラゴンテイル）

過去と未来が交差する、神秘のポイント

日食・月食の仕組みについては122ページでご説明しましたが、太陽と月の交点は、西洋占星術においてとても重要なポイントと考えられています。月の通り道「白道」と太陽の通り道「黄道」の二つの交点のうち、黄道に対して月が北上するポイントを「ドラゴンヘッド（昇交点）」、そして月が南下するポイントを「ドラゴンテイル（降交点）」と呼びます。

ヨーロッパでは日食、月食が起こるのは空飛ぶ竜が太陽と月を食らうためだ、とイメージしました。星が姿を消す二つのポイントを竜の「ヘッド（頭）」と「テイル（尾）」になぞらえたのです。

ドラゴンテイルは占星術において「過去」を、そしてドラゴンヘッドは「未来」を意味します。

ドラゴンテイルが示す過去とは、あなたがこれまでに習得してきたもの、無意識の執着や習慣、クセ。とても手馴れているものの、すでにやり尽くしていて、それ以上続けていても進歩がありません。でも本人は無意識のうちにそこに執着していたり、自分を変えることを恐れたりしているため、何も考えずにいると、このパターンに戻ってきてしまうのです。

それに対し、ドラゴンヘッドが示すのは未来。テイルが意味するような「悪しき慣習」を打ち砕き、新しいパターンへと移行するヒントを与えてくれます。「やり尽くしたこと」「パターン化したこと」

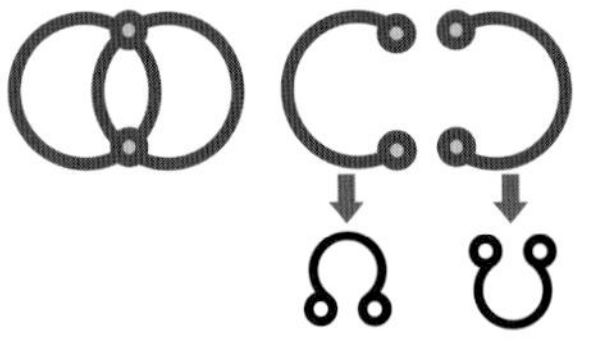

黄道と白道、二つの軌道が交差するポイントを示すことから、ドラゴンヘッド＆テイルの記号はこの形になったと言われています。またドラゴンテイルはホロスコープソフトによって表示されていないことがありますが、必ずドラゴンヘッドの180度反対側になります。

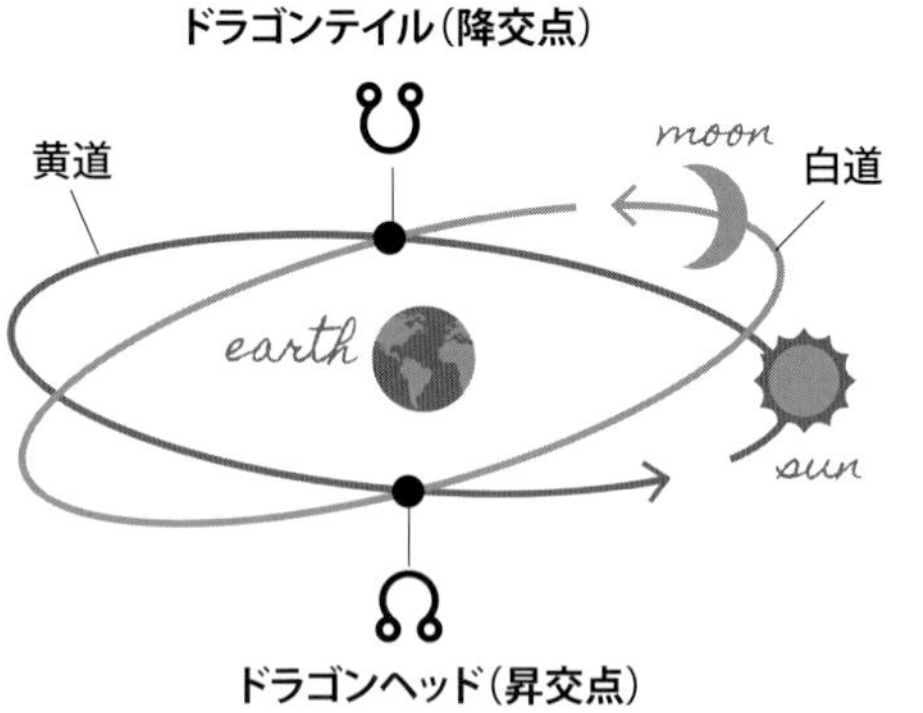

「得意だけれど続けても意味のないこと」に気づかせ、そこから解放されるための方向性や手立て、新たな未来の目標を暗示するのです。

インドには「カルマ（業）」という考え方があります。これは前世の行いが、現世を生きる我々に何らかの報いを与えるというもの。例えば問題のある異性にばかり惹かれてしまうのは、前世であなたがたくさんの異性を振り回していたせいだ、というようにです。

この前世をドラゴンテイルとイメージしてもいいでしょう。つまりあなたが今、不安や痛み、苦しみを感じているのは、前世でこうした行いをした報いであり、そのことに気づかないと同じようなパターンを繰り返してしまう。それを克服するための手立てをドラゴンヘッドが暗示している、ということです。

もちろん前世が存在するかどうかはわかりません。でもこうした象徴的なストーリーにして解説した時、それが真実かどうかはともかく、自分が置かれている状況に納得できたり、克服する方法を見出せたりするかもしれません。

このドラゴンヘッド、ドラゴンテイルがあなたのホロスコープで何ハウスにあるかということから、そんな物語をひもといてみましょう（出し方は１７４ページ）。

☋ ドラゴンテイルが 1ハウス
☊ ドラゴンヘッドが 7ハウス

過去

いつも孤軍奮闘、人の手を借りられない

ドラゴンテイルのある1ハウスは「自己」を表します。そのため何をする場合でも、自分の意志で物事を動かそうとするはず。人に頼るくらいなら自分でやるという人も多いでしょう。ただしその分、他人の存在を無視しがち。「周囲と足並みをそろえるよりも、自分でやったほうが早いし楽だ」と感じやすいのです。こうした一面は対人面での衝突や、人と親密になれないという問題を引き起こします。結婚生活が破たんしやすい傾向も。

未来

人と協力し合うことの喜びを知る

ドラゴンヘッドのある7ハウスは「協力」を表します。人と協力し合うことによって、この人は新しい可能性を手にします。「自分が」と前に出そうになったら人に譲る、自分が正しいと感じる場面で「相手の考えにも一理あるかもしれない」と考えてみる。こうしたことで人と協力する喜びを知り、調和的な関係を築けるようになるでしょう。また同性でも異性でも、心から信頼できるパートナーが一人いるだけで、人生の安定感が増します。

☋ ドラゴンテイルが 2ハウス
☊ ドラゴンヘッドが 8ハウス

過去

変化にとことん抵抗する

ドラゴンテイルのある2ハウスは「物質」を表します。このテイルを持つ人は「失うことへの恐れ」を強く抱いています。そのため変化することを嫌い、現状を守り抜くことに固執。動くことでリスクが高まるならじっとしていたいという頑固さが特徴です。新しいことに挑戦する人を警戒し、批判します。自分は挑戦しないのに成功した人を見ると激しく嫉妬する一面が。また物質に価値を置きすぎて、お金第一主義になりやすいようです。

未来

人の影響を受けて自分を変える

ドラゴンヘッドの8ハウスは「共有」を表します。これは深い部分から自分を変容させていく体験を意味しています。自分の考えにこだわるのではなく、他人に心を開き、互いに共感できる部分を探すこと、そして他者の存在によって「自分を根本的に変えられる経験」をすることが大切です。これができるとセックスに関する抵抗感も薄らぐでしょう。また物質主義の考えを解きほぐし、形のないものにも価値を見出せるようになることもテーマ。

☋ドラゴンテイルが 3ハウス
☊ドラゴンヘッドが 9ハウス

過去

右から左に受け流す人生

ドラゴンテイルの3ハウスは「伝達」を表します。世の中の動きに敏感で、人と話したり、新しい情報をキャッチしたりすることに目がありません。ただし自分で考えを生み出すのは苦手で、世の中の情報に流されたり、人が言ったことを、自分の意見のようにすり替えていても気づかなかったりするでしょう。友人知人が多いものの、深い話のできない、表面的な関係に終わってしまうのは、この固定化されたパターンに陥っているからです。

未来

自分の頭で考え、答えを出す

ドラゴンヘッドのある9ハウスは「思想」を表します。人の意見を聞く前に「自分の頭で考える」ことがテーマになります。間違えることを恐れずに、自分ならどう思うかを考えてみましょう。すでにある答えを寄せ集めるのではなく、あなただけの答えを探し続けること。また「世の中には様々な価値観がある」ということを知るためには、外国に足を運んだり、海外の著者が書いた本を読むことも、この人にプラスに働きます。

☋ドラゴンテイルが 4ハウス
☊ドラゴンヘッドが 10ハウス

過去

大人になっても親の目を気にする

ドラゴンテイルの4ハウスは「家庭」を表します。両親のしつけが厳しかった、もしくは溺愛されたなど、いずれにしろ家や親の価値観の影響を強く受けています。成人しても無意識に親の目を意識し、親が喜ぶような生き方を選んでいたり、「こんなことをしたら怒られる」とおびえたり……。自分の中に明確な基準を持てないため、常に感情が不安定です。気持ちを満たすために他人に尽くしすぎる、なかなか親元を離れられないというケースも。

未来

自立心を養い、自分の足で立つ

ドラゴンヘッドの10ハウスは「社会」を表します。親や家庭の価値観から解放され、社会に「自分の足で立つ」感覚を味わうことがテーマとなります。そのためにもできるだけ早めに家を出て、身の回りのことを自分でやるようにしましょう。自立心を鍛えれば自信が生まれます。また「これだけは人に負けない」というものを作ったり、小さな達成感を得られるような習慣を、日々コツコツと継続することで、自己肯定感が生まれやすくなるでしょう。

☋ ドラゴンテイルが 5ハウス
☊ ドラゴンヘッドが 11ハウス

過去

とにかく自分を見てほしい

ドラゴンテイルの5ハウスは「自己表現」を表します。どんな場面でも自分の存在をアピールすることに抵抗がありません。また無意識のうちに「自分は特別な存在である」と思っていて、周囲を見下しているような一面も。でもプライドが高いわりに寂しがり屋で、周りがちやほやしてくれないと拗ねてしまい、厄介な「かまってちゃん」になりがち。また満たされない欲求を、自分を主役とした空想世界に逃げ込むことで満たそうとする場合も。

未来

他人の個性も認め、受け入れる

ドラゴンヘッドの11ハウスは「公平さ」のハウスです。このタイプが新しい生き方を獲得するには「自分以外の人々も平等に特別な存在である」と認めることから始まります。そのためには周りの人々を「人」としてきちんと認識することが大切。それは単に顔を合わせるだけでなく、相手を「理解する」ことです。そうすれば他人からいい刺激をたくさん受けられるようになり、眠っている創造力など素晴らしい力も目覚めやすくなるでしょう。

☋ ドラゴンテイルが 6ハウス
☊ ドラゴンヘッドが 12ハウス

過去

すべてを整理し、管理したがる

ドラゴンテイルの6ハウスは「分析」を表します。このタイプはとても几帳面でミスやルーズさ、時間のロスといったものを見逃さず、何事も「きちんと」整えることに命をかけます。他人に対しても常に厳しい目を向けていて「かくあるべき」のルールから外れることを許しません。その結果、関係がぎくしゃくしてしまうことも。また「完璧でなければ」「失敗してはいけない」と自分自身のことを追い込んでいるケースも多いでしょう。

未来

混沌をあるがままに受け止める

ドラゴンヘッドの12ハウスは「深層心理」を表します。寝ている時に見る夢が意味不明なもののオンパレードであるように、人間の心の中は不可解で、つじつまが合わなくて当然。それを無理に整理したり、カテゴライズしようとせず、あるがまま受け入れることがテーマです。不完全な他人、そして自分を批判するのではなく愛を持って接すること。自分への肯定感を取り戻すには、自分の心の内を絵や文章で表現してみるのがおすすめです。

☋ ドラゴンテイルが　7ハウス
☊ ドラゴンヘッドが　1ハウス

過去

人の顔色を気にして意見を抑える

ドラゴンテイルの7ハウスは「対人」を表します。そのためこのタイプは、何かあった時に助けてくれる仲間に恵まれています。ただし、「人に嫌われないようにしなくては」と、無意識のうちに他人の顔色をうかがうクセがついているよう。食べたいものではなく、場の雰囲気に合うものを選んだり、人が決めてから自分のメニューを決めるようなことをしがちでは？　優柔不断な上、「誰かが何とかしてくれる」と依存心が強いケースも。

未来

「自分」の主体性を持つ

ドラゴンヘッドの1ハウスは「自分自身」を表します。どんな時も「人がどう思うか」よりも先に「自分はどうしたいのか」を確認するクセをつけましょう。そしてそれをしっかり口にすること。案外、人はあなたの発言を気にしていないものです。また失敗をしてしまった時に、人のせいにしたり、言い逃れをするのはやめて。何かをすることで得られる喜びは、自分が引き受けた責任に比例するものなのです。

☋ ドラゴンテイルが　8ハウス
☊ ドラゴンヘッドが　2ハウス

過去

秘密の世界に誰も立ち入らせない

ドラゴンテイルの8ハウスは「秘密」を表します。このタイプは心に秘密の領域を持っていて、そこにすべてを押し込めているところがあります。そのため他人とのコミュニケーションに不慣れ。人に自分の世界を批判されたり、踏み荒らされることを恐れています。同じ理由でセックスに対する抵抗感を抱いている場合も。遺産など大きなお金を手にすることがありますが、それが「自分の世界にこもる」傾向に、ますます拍車をかけてしまいます。

未来

自分の価値基準を明確に

ドラゴンヘッドの2ハウスは「価値」を表します。自分の世界にこもる本当の理由は「自分の世界をけなされることへの恐れ」です。つまり自分自身で「これは大した価値がないのではないか」と疑っているのです。これを克服するには「自分はこれが好き」「価値がある」と言える明確な基準を持つこと。賛同してくれない人がいてもいい、そう考えられれば他人は怖くなくなります。これができると恋愛への苦手意識も和らぐでしょう。

☋ドラゴンテイルが 9ハウス ☊ドラゴンヘッドが 3ハウス

過去

理想だけで現実が追いつかない

ドラゴンテイルの9ハウスは「自由」を表します。何にも縛られずに生きたい、どこか遠くへ行きたいという逃避願望が心のどこかにあるようです。目の前のことに集中しづらく、すぐに飽きてしまったり、「こんなことをやっても意味がない」と投げ出したり。また「言ってもどうせわかってもらえない」と自分のことを説明するのを面倒くさがる一面も。理想は高いけれど、そのための行動を起こせないまま終わってしまいがちです。

未来

具体的な行動を起こす力を得る

ドラゴンヘッドの3ハウスは「言語」を表します。根無し草のような生き方を好むのは、「自由を奪われる」という恐れがあるから。でもその場にしっかりと根づき、人ときちんと関係を築くことは決して「束縛」ではありません。互いの気持ちを理解し合い、協力することで一人ではできないことを成し遂げられます。思いを言葉にして相手に伝える努力をすることで、きちんと社会に「関わっている」という自信も生まれてくるでしょう。

☋ドラゴンテイルが 10ハウス ☊ドラゴンヘッドが 4ハウス

過去

利益重視で采配を振るう

ドラゴンテイルの10ハウスは「権威」を表します。無意識のうちに「一番上に立ちたい」という気持ちが働くでしょう。そのため幼い頃から何かしらの「長」のつく役割を任されることが多かったかもしれません。また野心家で進学・就職でも高いレベルを目指してきたはず。その分、誰かに指図されたり、頭を押さえつけられるのを嫌います。成果主義のため、要領の悪い人には厳しく、威圧感もあるので、周囲に近づき難いイメージを与えてしまうことも。

未来

感情の通い合いを知る

ドラゴンヘッドの4ハウスは「家庭」を表します。家は笑い声にあふれた、人をホッとさせる場所。このタイプは実利を追い求めるあまり、自分も他人も「感情のないロボット」のように扱いがちです。時に自分が何を感じているのかさえ、わからなくなってしまうことも。常に「今、自分はうれしいのか悲しいのか」を問いかけるようにしましょう。そうすれば、周りの人と温かい心の交流が持てるはず。また母親との関係が重要な鍵を握る場合も。

☋ ドラゴンテイルが 11ハウス
☊ ドラゴンヘッドが 5ハウス

過去

自分を表現することをためらう

ドラゴンテイルの11ハウスは「友人」を表します。人とコミュニケーションを取るのが好きで、興味のあるテーマについて語り合うのが喜びでしょう。ただし自分についてはあまり話さず、相手にも深入りしない、ドライな関係性になりやすい傾向があります。自分の個性に自信を持てないところがあり「〇大学の学生」「最新の〇〇を持っている」など、肩書や所属コミュニティー、持ち物などを心のよりどころにしている場合も。

未来

自ら能動的に関わる

ドラゴンヘッドの5ハウスは「自己表現」を表します。もっと自分を主張することがテーマとなるでしょう。ただ意見を交わすだけでなく、自分が思っていること、生み出したいものなどを存分に表現していきましょう。否定されたとしても「これが自分だ」と思えればそれは決して間違いではありません。そうして自己開示していくことができるようになると、傍観者のような立場から抜け出し、他人ときちんと関わっていけるようになります。

☋ ドラゴンテイルが 12ハウス
☊ ドラゴンヘッドが 6ハウス

過去

現実感のない浮ついた生き方をする

ドラゴンテイルの12ハウスは「無意識」を表します。そのため占いやスピリチュアルなど、目に見えない世界に強く惹かれます。むしろそちらのほうが現実よりもリアリティーを感じるかもしれません。どこか地に足がついていないところがあり、遅刻が多いなどルールを守れなかったり、お金の管理ができなかったりと生活が無秩序になりやすい傾向が。「自分は社会生活に向いていないのでは」と落ち込むものの、同じことを繰り返しがちです。

未来

自己管理し、現実を生きる

ドラゴンヘッドの6ハウスは「管理」を表します。大切になってくるのは、きちんと現実と関わろうとする意識を持つことです。そのためには何らかの日課を作るのがおすすめです。植物を育てる、家計簿をつける、料理をする、身体のメンテナンスをするなど、まずは目の前の現実をしっかり「見る」ことです。そうしてそれを確実に継続していくことで生まれる、「自分はしっかりと自分を管理できている」という感覚が自信になります。

月と占星術④

リリス（月の遠地点）

最も地球から遠く離れた「黒い月」が示すもの

月の地球に対する公転軌道は楕円になっているため、月と地球の距離は一定ではありません。最も近づくところを「近地点」、遠ざかる位置を「遠地点」と呼びます。近地点では地球との距離は約34万キロ、遠地点では約40万キロになります。リリスとはこの遠地点、月が最も地球から離れた地点のこと。これは1年で40度、だいたい10日に1度、動きます。

遠地点にある月はいつもより小さく見えます。そのためリリスは「黒い月（ブラック・ムーン）」と呼ばれています（ちなみに占星術上、「リリス」と呼ばれるポイントは少なくとも3種類あります。一つはこの月の遠地点、他には小惑星リリス、さらに幻の仮想天体のリリスです）。

このリリスという名前は、古代ユダヤの伝承にある「アダムの最初の妻」に由来します。アダムの最初の妻となったリリスは、アダムが男であるというだけで自分より上位であることに反発し、夫と同等の地位を要求した女性。しかしそれが認められないことに怒り狂い、人間の男の子を襲う妖魔を生み出す「悪魔の母」となったと言われています。

その後、時代が下るにつれ、リリスは「男を魅了する魔性の女（ファム・ファタル）」のイメージが与えられるようになります。

リリス（ブラックムーン・リリス）の記号は、黒い、反転された（欠けていく）三日月が十字によって支えられているものになっています。もしかしたら月と地球（十字）との関係によって示されるポイントを意味しようとしたものかもしれません。

カバラの主要文献である『ゾーハル』にはこのように描かれています。

「リリスは家で一人で眠っている男を見つけるとその上に浮遊し、のしかかり、抱きついて、欲望をかきたて、その子をもうける。そして彼女は気づかれないように病を残していく」（『ゾーハル』1―19）

そんなリリスが、ホロスコープの中で表すのは、その人が持っている性的な魅力。セックスの好みを示す場合もあるでしょう。実際、自分のリリスが位置する星座に、何らかの天体を持っている人には、どうしようもなく惹かれることがあるようです。特に互いの太陽、月とリリスが重なる場合には、強い吸引力を発揮するとも……。自分と意中の人のリリスと太陽星座の関係を調べてみるといいかもしれません。

その一方でリリスには「男女同権論」のシンボルとしての側面もあります。これはリリスが第二の地位に甘んじることなく、アダムに男性と同等の権利を求めたというエピソードに端を発するもの。性的魅力と社会的活躍、まったく正反対のようにも思えますが、「女性が秘めている自分のエネルギーを解放していく時の姿」がリリスに表されると考えるといいでしょう（ただし、リリスは無意識的に働くため、本人は気づいていないことが多いかもしれません）。

今回はホロスコープ上でリリスが位置するハウスによって、あなたの中に眠っている「リリス的な一面」がどのように表れるのか、探ってみましょう（出し方は１７４ページ）。

⚸リリスが　1ハウス

どんな時でも「自分」ありき

「どうすれば人に愛され、関心を引くことができるか」を理解しており、無意識のうちに人を魅了する振る舞いができる人です。自己愛が強く、ナルシストな一面も。でもその自信にあふれた態度は、不思議な磁力を持ちます。セックスの最中は「自分がどう見えているか」を非常に気にします。性感帯は頭。社会的には「自分」を存分に打ち出している時に、最もエネルギーを発揮します。特に独創的なひらめきで脚光を浴びることが多いでしょう。

⚸リリスが　2ハウス

自分だけの美の世界に陶酔する

自分の中に「美」の絶対基準を持っている人です。派手ではないけれど、なぜか目を引き「感じがいい」と思わせるような振る舞いができます。相手の目が自分からそれることに我慢ならない、独占欲の強い一面も魅力の一つ。セックスに関しては、じっくり時間をかけて味わい尽くすことを好みます。性感帯は首やデコルテです。社会的にはアーティストとして、自分が感じた「美」を表現していく時に、最も輝きを放つでしょう。

⚸リリスが　3ハウス

言葉のやりとりによって生じる快感

幼い頃から言葉が発達していて、ややマセていた一面があったのではないでしょうか。ユーモラスで茶目っ気たっぷりな表情が他人を魅了します。話し好きで、会話のやりとりをしている際に快感を覚えやすいでしょう。セックスに関しては好奇心旺盛で、いろいろ試したがり。また前後の会話にこだわるでしょう。性感帯は指、指の間。また社会的には自らのコミュニケーション力を活かして活躍することに、生きがいを感じるでしょう。

⚸リリスが　4ハウス

揺れ動く感情が魅力を増幅

些細なことにも敏感な感受性の持ち主です。普段は隠している、揺らぎやすく、傷つきやすい一面が不思議な魅力となるでしょう。この人にとってセックスは「自分が守られている」ことを実感するための行為。そのため腕枕や膝枕など性行為を伴わないスキンシップでも十分に満足できるでしょう。性感帯は胸。また社会的には弱い者、力のない者の世話を焼くことに喜びを感じるため、年齢を重ねるごとに年下の異性を引き寄せます。

リリスが　5ハウス

上位に立つ時に、最も輝く

表向きは謙虚に見えても実は揺るぎない自信があり、不思議と人を惹きつけます。顔の造形やルックスというよりも、有無を言わさず人々を屈服させる「王」のようなオーラがあるのです。セックスに関しては相手より優位に立とうとする傾向が強いでしょう。性感帯は胸、そして背中です。社会的には音楽や絵、演劇などのアートや、ちょっと変わった趣味などで、自分の個性をアピールしている時に、最もオーラが高まります。

リリスが　6ハウス

冷徹な眼差しに漂う色香

警戒心が強く、常に全方位に気を張っている人です。そのため普通の人なら見落としてしまうようなことにも目が行き届き、ズバリと指摘します。そんなシャープな知性に不思議とリリス的魅力が発揮されるでしょう。セックスに関しては潔癖主義で、10代の恋愛を引きずっていたり、制服に非常に執着する場合も。性感帯は腰、胸。社会的には、人の繊細な心理を表現する作家、あるいはセラピストや医療系の仕事に携わる時に活躍します。

リリスが　7ハウス

アンビバレントな魅力が内在する人

自分の内側にシーソーのように揺れ動く衝動を隠し持っており、その点が異性を惹きつけます。ただし「好きな人には好かれず、そうでもない人には追いかけられる」ということが起きやすい傾向も。セックスに関してはルックスとムード重視。性感帯は腰から性器にかけて。社会的には異なる二つのことを手がける時、女性の場合母とキャリアウーマンなど二足のわらじをはく生活を両立できている時に、充実感を覚えやすいでしょう。

リリスが　8ハウス

渇望感から醸し出されるエロス

心の内に「満たされなさ」や「孤独感」を抱いている人です。それが強力な吸引力となっているでしょう。この人という相手が見つかれば、地の果てまでも追いかけていきます。セックスに関しては非常にタフで貪欲で、最もセックスアピールに秀でているタイプ。性感帯は性器です。また社会的には「これぞ」という対象を見つけ、それに、とことんのめり込んでいく時に、最大のエネルギーを放出することができるでしょう。

☾⚸ リリスが　9ハウス

大胆不敵な行動で翻弄する

自由奔放に振る舞い、自分を高めてくれるもの、心をかきたててやまないものを追い求めていく姿に、不思議な魅力が漂う人です。多少人を振り回すことがあっても、心が純粋なため、なぜか許されてしまうでしょう。セックスにおいても好奇心旺盛。場所、服装、相手などを次々と変えて楽しもうとするはず。性感帯は臀部と太もも。社会的には自分を成長させるべく何かを学んでいる時に、リリス的なエネルギーが目覚めやすいでしょう。

☾⚸ リリスが　10ハウス

禁欲的だからこそ際立つ欲望

ストイックで自分の思いをなかなか表に出さないため、若いうちは魅力を発揮しづらいタイプです。でも年を重ね、責任や地位、落ち着きを得た後に、かえってセクシャルな魅力が増します。自分を解放するのが苦手なため、セックスにコンプレックスを抱きがち。とはいえ一度、心を開いた相手には相当な持久力を発揮します。性感帯は肌。社会的にはある程度の地位を得、人々を指導・コントロールする立場になった時に力を発揮します。

☾⚸ リリスが　11ハウス

ルールに縛られない人間愛

性差を感じさせない、ユニセックスな人が多く、女性らしさ、男性らしさというところを超えた「その人らしさ」に興味を抱くでしょう。そのためセックスにおいては常識に縛られない関係性を持つことにも抵抗がありません。一度関係が破たんしても、友情のような関係が長続きします。性感帯はすね。また社会的には未来に関すること、古いものや価値観を壊し、刷新していくような場面で、最も力を出しやすいでしょう。

☾⚸ リリスが　12ハウス

無意識のコケティッシュな振る舞い

その日のテンションで態度がころころ変わり、小悪魔のように異性を誘惑する人です。人の心情を察知するのが上手で、時に弱さを武器にして、相手の懐に入り込んでいきます。セックスに陶酔感を求めるため、アルコールや音楽は欠かせません。マゾヒスティックな一面もあります。性感帯は足。また社会的には人の心を読み取る力を活かし、弱い人々に手を差し伸べるような行為をしている時に、最も充足感を得られるでしょう。

「ドラゴンヘッド&テイル」「リリス」の出し方

ここでは自分のホロスコープを持っていない人のために「ソーラーサイン・ハウスシステム」というやり方で、あなたのドラゴンヘッド&テイル、そしてリリスのハウスを算出します。

実際にホロスコープを持っている人は、そちらで割り出したハウスも参考にしてみてください。

ソーラーサイン・ハウスシステムホロスコープの作り方

下の【ホロスコープ図】の「1」の欄に、あなたの生まれ星座（太陽星座）を書き込み、矢印の方向に、順に12星座を書き込んでください。魚座の後は牡羊座となります。

【ホロスコープ図】

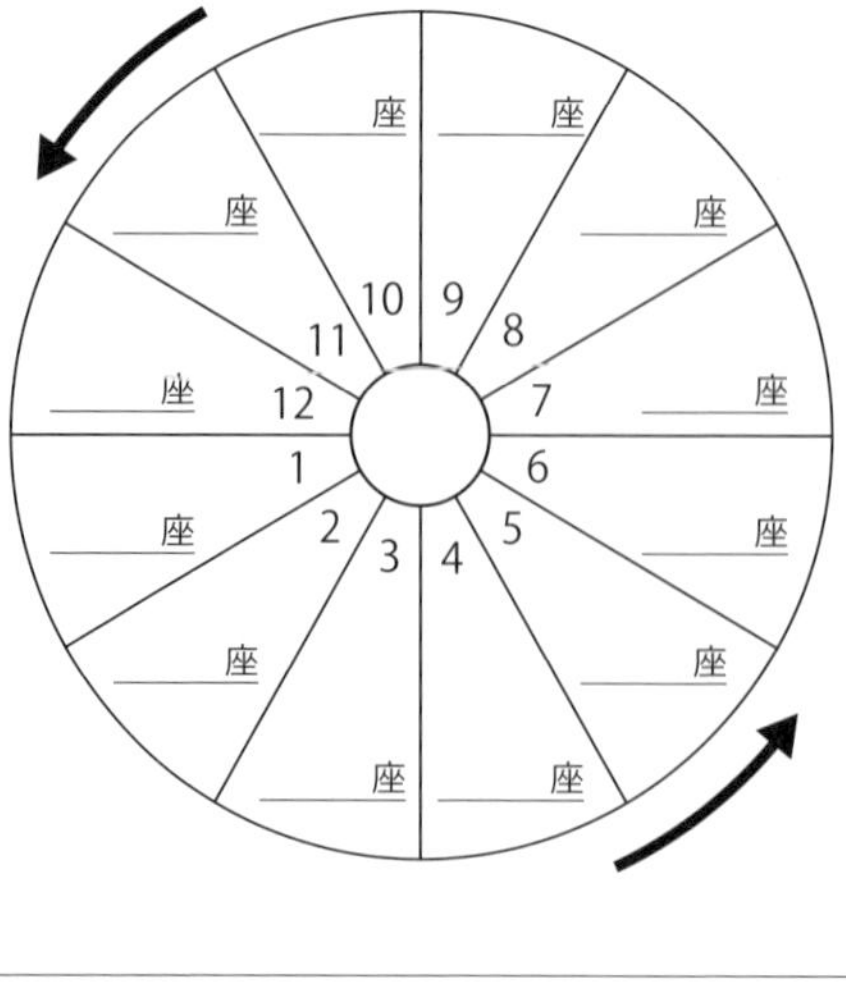

【12星座の生まれ区分】

牡羊座	3/21～4/19
牡牛座	4/20～5/20
双子座	5/21～6/21
蟹　座	6/22～7/22
獅子座	7/23～8/22
乙女座	8/23～9/22
天秤座	9/23～10/23
蠍　座	10/24～11/22
射手座	11/23～12/21
山羊座	12/22～1/19
水瓶座	1/20～2/18
魚　座	2/19～3/20

例　1980年3月12日生まれの場合

■ソーラーサイン・ハウスシステムホロスコープを作る

生まれ星座（太陽星座）は魚座になるので、【ホロスコープ図】の「1」の欄に「魚座」と書き込みます。順に「牡羊座」「牡牛座」……と書き入れます。

■ドラゴンヘッド&テイルを出す

① 【ドラゴンテイル表】で誕生日が含まれる期間を調べると【1980年2月6日～1981年8月24日水瓶座】となります。そのためドラゴンテイル星座は水瓶座になります。

② 先に作成した【ホロスコープ図】の水瓶座の部分に「☋（ドラゴンテイル）」と書き込みます。書いてある数字は「12」なので、「ドラゴンテイルは12ハウス」ということになります。同様に「☊（ドラゴンヘッド）」はその星座から7つ先の星座になるので獅子座となり、「ドラゴンヘッドは6ハウス」ということになります。

■リリスを出す

① 【リリス表】で、誕生日が含まれる期間を調べると【1979年7月10日～1980年4月3日乙女座】となります。そのためリリス星座は乙女座となります。

② 先に作成した【ホロスコープ図】の乙女座の部分に「⚸（リリス）」と書き込みます。書いてある数字は「7」なので、「リリスは7ハウス」ということになります。

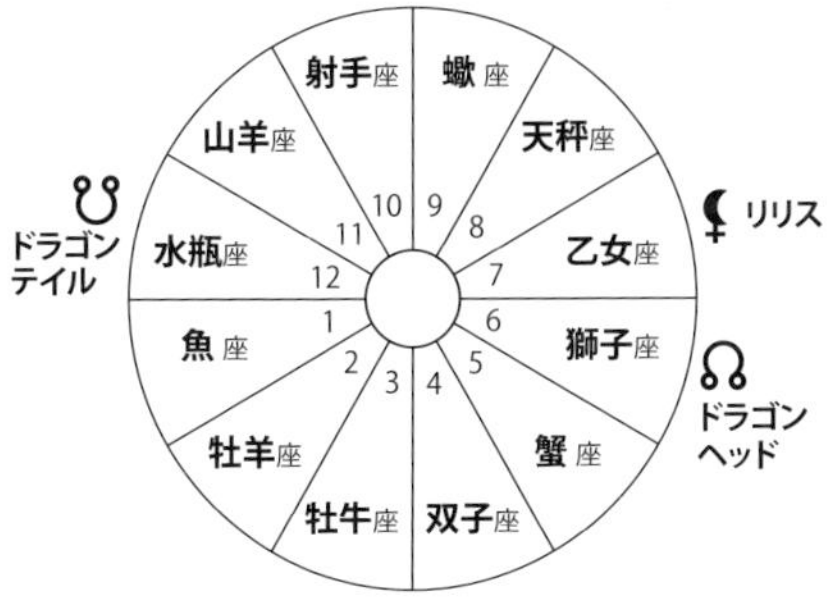

ドラゴンヘッド&テイルの出し方

① 176ページの【ドラゴンテイル表】の誕生日が含まれる期間を探してください。その横に書いてあるのが、あなたの【ドラゴンテイル星座】です。

②先に作成した【ホロスコープ図】の該当する星座の部分に「☋（ドラゴンテイル）」と書き込んでください。その星座の数字部分が、ドラゴンテイルの入っているハウスとなるので、該当する部分を読んでください。

※ドラゴンヘッドとドラゴンテイルは「180度反対側」に位置します。そのため、ドラゴンヘッドは自動的に「ドラゴンテイルの星座から数えて7つ先のハウス」になります。

リリスの出し方

① 177ページからの【リリス表】で、あなたの誕生日が含まれる期間を探してください。その横に書いてあるのが、あなたの【リリス星座】です。

②先に作成した【ホロスコープ図】の該当する星座の部分に「⚸（リリス）」と書き込んでください。その星座の数字部分が、リリスの入っているハウスとなるので、該当する部分を読んでください。

ドラゴンテイル表

1984年10月 1日～1986年 4月20日 蠍 座
1986年 4月21日～1987年11月 7日 天秤座
1987年11月 8日～1989年 5月27日 乙女座
1989年 5月28日～1990年12月15日 獅子座
1990年12月16日～1992年 7月 3日 蟹 座
1992年 7月 4日～1994年 1月21日 双子座
1994年 1月22日～1995年 8月10日 牡牛座
1995年 8月11日～1997年 2月27日 牡羊座
1997年 2月28日～1998年 9月16日 魚 座
1998年 9月17日～2000年 4月 5日 水瓶座
2000年 4月 6日～2001年10月23日 山羊座
2001年10月24日～2003年 5月13日 射手座
2003年 5月14日～2004年11月29日 蠍 座
2004年11月30日～2006年 6月19日 天秤座
2006年 6月20日～2008年 1月 6日 乙女座
2008年 1月 7日～2009年 7月26日 獅子座
2009年 7月27日～2011年 2月12日 蟹 座
2011年 2月13日～2012年 9月 1日 双子座
2012年 9月 2日～2014年 3月21日 牡牛座
2014年 3月22日～2015年10月 9日 牡羊座
2015年10月10日～2017年 4月27日 魚 座
2017年 4月28日～2018年11月15日 水瓶座
2018年11月16日～2020年 6月 3日 山羊座
2020年 6月 4日～2021年12月22日 射手座
2021年12月23日～2023年 7月12日 蠍 座
2023年 7月13日～2025年 1月28日 天秤座
2025年 1月29日～2026年 8月18日 乙女座
2026年 8月19日～2028年 3月 6日 獅子座
2028年 3月 7日～2029年 9月24日 蟹 座
2029年 9月25日～2031年 4月13日 双子座
2031年 4月14日～2032年10月31日 牡牛座
2032年11月 1日～2034年 5月20日 牡羊座
2034年 5月21日～2035年12月 8日 魚 座
2035年12月 9日～2037年 6月26日 水瓶座
2037年 6月27日～2039年 1月14日 山羊座
2039年 1月15日～2040年 8月 2日 射手座
2040年 8月 3日～2042年 2月20日 蠍 座
2042年 2月21日～2042年12月31日 天秤座

1925年 1月 1日～1925年10月22日 水瓶座
1925年10月23日～1927年 5月12日 山羊座
1927年 5月13日～1928年11月28日 射手座
1928年11月29日～1930年 6月18日 蠍 座
1930年 6月19日～1932年 1月 5日 天秤座
1932年 1月 6日～1933年 7月25日 乙女座
1933年 7月26日～1935年 2月11日 獅子座
1935年 2月12日～1936年 8月31日 蟹 座
1936年 9月 1日～1938年 3月20日 双子座
1938年 3月21日～1939年10月 8日 牡牛座
1939年10月 9日～1941年 4月26日 牡羊座
1941年 4月27日～1942年11月14日 魚 座
1942年11月15日～1944年 6月 2日 水瓶座
1944年 6月 3日～1945年12月21日 山羊座
1945年12月22日～1947年 7月10日 射手座
1947年 7月11日～1949年 1月27日 蠍 座
1949年 1月28日～1950年 8月17日 天秤座
1950年 8月18日～1952年 3月 5日 乙女座
1952年 3月 6日～1953年 9月23日 獅子座
1953年 9月24日～1955年 4月12日 蟹 座
1955年 4月13日～1956年10月30日 双子座
1956年10月31日～1958年 5月19日 牡牛座
1958年 5月20日～1959年12月 7日 牡羊座
1959年12月 8日～1961年 6月25日 魚 座
1961年 6月26日～1963年 1月13日 水瓶座
1963年 1月14日～1964年 8月 1日 山羊座
1964年 8月 2日～1966年 2月19日 射手座
1966年 2月20日～1967年 9月 8日 蠍 座
1967年 9月 9日～1969年 3月28日 天秤座
1969年 3月29日～1970年10月16日 乙女座
1970年10月17日～1972年 5月 4日 獅子座
1972年 5月 5日～1973年11月22日 蟹 座
1973年11月23日～1975年 6月11日 双子座
1975年 6月12日～1976年12月29日 牡牛座
1976年12月30日～1978年 7月18日 牡羊座
1978年 7月19日～1980年 2月 5日 魚 座
1980年 2月 6日～1981年 8月24日 水瓶座
1981年 8月25日～1983年 3月14日 山羊座
1983年 3月15日～1984年 9月30日 射手座

リリス表

1950年 1月11日～1950年10月 7日	牡牛座	
1950年10月 8日～1951年 7月 3日	双子座	
1951年 7月 4日～1952年 3月28日	蟹 座	
1952年 3月29日～1952年12月22日	獅子座	
1952年12月23日～1953年 9月18日	乙女座	
1953年 9月19日～1954年 6月14日	天秤座	
1954年 6月15日～1955年 3月10日	蠍 座	
1955年 3月11日～1955年12月 5日	射手座	
1955年12月 6日～1956年 8月30日	山羊座	
1956年 8月31日～1957年 5月26日	水瓶座	
1957年 5月27日～1958年 2月19日	魚 座	
1958年 2月20日～1958年11月16日	牡羊座	
1958年11月17日～1959年 8月12日	牡牛座	
1959年 8月13日～1960年 5月 7日	双子座	
1960年 5月 8日～1961年 2月 1日	蟹 座	
1961年 2月 2日～1961年10月28日	獅子座	
1961年10月29日～1962年 7月24日	乙女座	
1962年 7月25日～1963年 4月19日	天秤座	
1963年 4月20日～1964年 1月14日	蠍 座	
1964年 1月15日～1964年10月 9日	射手座	
1964年10月10日～1965年 7月 5日	山羊座	
1965年 7月 6日～1966年 4月 1日	水瓶座	
1966年 4月 2日～1966年12月26日	魚 座	
1966年12月27日～1967年 9月21日	牡羊座	
1967年 9月22日～1968年 6月17日	牡牛座	
1968年 6月18日～1969年 3月13日	双子座	
1969年 3月14日～1969年12月 7日	蟹 座	
1969年12月 8日～1970年 9月 2日	獅子座	
1970年 9月 3日～1971年 5月30日	乙女座	
1971年 5月31日～1972年 2月23日	天秤座	
1972年 2月24日～1972年11月18日	蠍 座	
1972年11月19日～1973年 8月15日	射手座	
1973年 8月16日～1974年 5月11日	山羊座	
1974年 5月12日～1975年 2月 4日	水瓶座	

1925年 1月 1日～1925年 9月12日	蟹 座
1925年 9月13日～1926年 6月 8日	獅子座
1926年 6月 9日～1927年 3月 4日	乙女座
1927年 3月 5日～1927年11月29日	天秤座
1927年11月30日～1928年 8月24日	蠍 座
1928年 8月25日～1929年 5月20日	射手座
1929年 5月21日～1930年 2月13日	山羊座
1930年 2月14日～1930年11月10日	水瓶座
1930年11月11日～1931年 8月 6日	魚 座
1931年 8月 7日～1932年 5月 1日	牡羊座
1932年 5月 2日～1933年 1月26日	牡牛座
1933年 1月27日～1933年10月22日	双子座
1933年10月23日～1934年 7月18日	蟹 座
1934年 7月19日～1935年 4月13日	獅子座
1935年 4月14日～1936年 1月 8日	乙女座
1936年 1月 9日～1936年10月 3日	天秤座
1936年10月 4日～1937年 6月29日	蠍 座
1937年 6月30日～1938年 3月26日	射手座
1938年 3月27日～1938年12月20日	山羊座
1938年12月21日～1939年 9月15日	水瓶座
1939年 9月16日～1940年 6月10日	魚 座
1940年 6月11日～1941年 3月 7日	牡羊座
1941年 3月 8日～1941年12月 1日	牡牛座
1941年12月 2日～1942年 8月27日	双子座
1942年 8月28日～1943年 5月24日	蟹 座
1943年 5月25日～1944年 2月17日	獅子座
1944年 2月18日～1944年11月12日	乙女座
1944年11月13日～1945年 8月 9日	天秤座
1945年 8月10日～1946年 5月 5日	蠍 座
1946年 5月 6日～1947年 1月29日	射手座
1947年 1月30日～1947年10月25日	山羊座
1947年10月26日～1948年 7月21日	水瓶座
1948年 7月22日～1949年 4月16日	魚 座
1949年 4月17日～1950年 1月10日	牡羊座

2000年 3月 1日～2000年11月24日 山羊座
2000年11月25日～2001年 8月21日 水瓶座
2001年 8月22日～2002年 5月17日 魚 座
2002年 5月18日～2003年 2月10日 牡羊座
2003年 2月11日～2003年11月 6日 牡牛座
2003年11月 7日～2004年 8月 2日 双子座
2004年 8月 3日～2005年 4月28日 蟹 座
2005年 4月29日～2006年 1月22日 獅子座
2006年 1月23日～2006年10月19日 乙女座
2006年10月20日～2007年 7月15日 天秤座
2007年 7月16日～2008年 4月 9日 蠍 座
2008年 4月10日～2009年 1月 4日 射手座
2009年 1月 5日～2009年 9月30日 山羊座
2009年10月 1日～2010年 6月26日 水瓶座
2010年 6月27日～2011年 3月22日 魚 座
2011年 3月23日～2011年12月17日 牡羊座
2011年12月18日～2012年 9月11日 牡牛座
2012年 9月12日～2013年 6月 7日 双子座
2013年 6月 8日～2014年 3月 4日 蟹 座
2014年 3月 5日～2014年11月28日 獅子座
2014年11月29日～2015年 8月24日 乙女座
2015年 8月25日～2016年 5月19日 天秤座
2016年 5月20日～2017年 2月13日 蠍 座
2017年 2月14日～2017年11月 9日 射手座
2017年11月10日～2018年 8月 5日 山羊座
2018年 8月 6日～2019年 5月 2日 水瓶座
2019年 5月 3日～2020年 1月26日 魚 座
2020年 1月27日～2020年10月21日 牡羊座
2020年10月22日～2021年 7月17日 牡牛座
2021年 7月18日～2022年 4月13日 双子座
2022年 4月14日～2023年 1月 7日 蟹 座
2023年 1月 8日～2023年10月 3日 獅子座
2023年10月 4日～2024年 6月29日 乙女座
2024年 6月30日～2025年 3月25日 天秤座

1975年 2月 5日～1975年10月31日 魚 座
1975年11月 1日～1976年 7月27日 牡羊座
1976年 7月28日～1977年 4月22日 牡牛座
1977年 4月23日～1978年 1月16日 双子座
1978年 1月17日～1978年10月13日 蟹 座
1978年10月14日～1979年 7月 9日 獅子座
1979年 7月10日～1980年 4月 3日 乙女座
1980年 4月 4日～1980年12月28日 天秤座
1980年12月29日～1981年 9月24日 蠍 座
1981年 9月25日～1982年 6月20日 射手座
1982年 6月21日～1983年 3月16日 山羊座
1983年 3月17日～1983年12月11日 水瓶座
1983年12月12日～1984年 9月 5日 魚 座
1984年 9月 6日～1985年 6月 1日 牡羊座
1985年 6月 2日～1986年 2月26日 牡牛座
1986年 2月27日～1986年11月22日 双子座
1986年11月23日～1987年 8月18日 蟹 座
1987年 8月19日～1988年 5月13日 獅子座
1988年 5月14日～1989年 2月 7日 乙女座
1989年 2月 8日～1989年11月 3日 天秤座
1989年11月 4日～1990年 7月30日 蠍 座
1990年 7月31日～1991年 4月26日 射手座
1991年 4月27日～1992年 1月20日 山羊座
1992年 1月21日～1992年10月15日 水瓶座
1992年10月16日～1993年 7月11日 魚 座
1993年 7月12日～1994年 4月 7日 牡羊座
1994年 4月 8日～1995年 1月 1日 牡牛座
1995年 1月 2日～1995年 9月27日 双子座
1995年 9月28日～1996年 6月23日 蟹 座
1996年 6月24日～1997年 3月19日 獅子座
1997年 3月20日～1997年12月13日 乙女座
1997年12月14日～1998年 9月 8日 天秤座
1998年 9月 9日～1999年 6月 5日 蠍 座
1999年 6月 6日～2000年 2月29日 射手座

2025年 3月26日	〜2025年12月19日	蠍　座
2025年12月20日	〜2026年 9月15日	射手座
2026年 9月16日	〜2027年 6月11日	山羊座
2027年 6月12日	〜2028年 3月 6日	水瓶座
2028年 3月 7日	〜2028年11月30日	魚　座
2028年12月 1日	〜2029年 8月27日	牡羊座
2029年 8月28日	〜2030年 5月23日	牡牛座
2030年 5月24日	〜2031年 2月16日	双子座
2031年 2月17日	〜2031年11月13日	蟹　座
2031年11月14日	〜2032年 8月 8日	獅子座
2032年 8月 9日	〜2033年 5月 4日	乙女座
2033年 5月 5日	〜2034年 1月28日	天秤座
2034年 1月29日	〜2034年10月25日	蠍　座
2034年10月26日	〜2035年 7月21日	射手座
2035年 7月22日	〜2036年 4月15日	山羊座
2036年 4月16日	〜2037年 1月10日	水瓶座
2037年 1月11日	〜2037年10月 6日	魚　座
2037年10月 7日	〜2038年 7月 2日	牡羊座
2038年 7月 3日	〜2039年 3月28日	牡牛座
2039年 3月29日	〜2039年12月23日	双子座
2039年12月24日	〜2040年 9月17日	蟹　座
2040年 9月18日	〜2041年 6月13日	獅子座
2041年 6月14日	〜2042年 3月10日	乙女座
2042年 3月11日	〜2042年12月 4日	天秤座
2042年12月 5日	〜2042年12月31日	蠍　座

※本書に掲載しているドラゴンテイル、リリスは共に平均値を用いています。ドラゴンテイル（ノード）、リリスには平均値と真値の２種類がありますが、多くの占星術家は平均値を用いています。

月にまつわるブックレビュー

月に関する本はそれこそ無数にあり、毎年のようにたくさんのものが出ていますので、全部をカバーすることはとてもできません。ここでは、本を制作するにあたって特に参考にしたり、豊かな月の世界を知るために、皆さんにぜひ読んでいただきたいと考える本をご案内します。

「ルネーション占星術」について

■ **Dane Rudyhar,** ***The Lunation Cycle,*** Aurora Press (1967)

本書の軸になっているルネーションについては、何といってもこの本を挙げなければなりません。ルネーション占星術が最初に提示されたのは、この本によってなのですから。いわばルネーション占星術の原点です。なお、本書は最初は『ルネーション・バースディ』として1944～5年に発表されました。

フランス系アメリカ人ディーン・ルディアは、音楽家として、そして占星術家として、もはや伝説的な存在で、20世紀において最も重要な占星術家と言っていいでしょう。ルディアは、神智学によって復興した占星術を心理学と融合させるアプローチを開始し、現代占星術の発展に大きな寄与をしました。ルディアは天体のサイクルを人間成長の変化のモデルとしてとらえ、ユングなどの心理学理論と合わせて占星術の象徴体系を深化させたのです。ルネーション占星術のアイデアもルディアらしいサイクル論の表れの一つです。

■ **Maria Simms ,** ***The Eight Lunar Phases ; A Cycle of Transformation, in , Essentials of Intermediate Astrology,*** NCGR (1995)

アメリカの占星術団体「NCGR」発行による占星術学習中級者のためテキストより。ルネーションのわかりやすい解題の記事。八つの月の相をケルト的なペイガン暦における八つの祝祭と対応させてイメージをふくらませています。

■ **Darby Costello,** ***The Astrological Moon,*** CPA Press (1996)

英国を代表する心理占星術家の一人、ダービー・コステロによる月の占星術の講義録。心理占星学の泰斗であるリズ・グリーンが主幹を務めた心理占星術センターでの講義を書き起こしたもの。月のサイクルについての生き生きとした講演の雰囲気が伝わってきます。

■ **Steven Forrest,** ***The Book of the Moon*****,** Seven Paws Press (2010)

アメリカの「エヴォリューショナリー占星術」の主導者でもあるフォレストによる月の占星術。「エヴォリューショナリー占星術」とは、心理占星術の流派の一つと言っていいのですが、予言ではなく、個人の心の「進化」のための一助として占星術を使おうというものです。フォレストはそのユーモアあふれ、かつ深い洞察のある文章で知られていますが、この本も月の占星術の背景を広くカバーして理解を深めており、おすすめです。ルディアのメソッドをより具体的に、詳細に解釈しています。

■ **Marilyn Busteed、Dorothy Wergin,** ***Phases of the Moon*****,** AFA (1982,1996)

ルディアのものとはまた別の体系です。イェイツの詩的作品である『幻想録』をもとに実践的な占星術を発展させようとしたのがマリリン・バスティードとドロシー・ウェージンによる『月の相　進化する人間性へのガイド』(1974年) です。

この本は、イェイツの28相と実際の月の相と照応させようとし、その象徴的意味を12星座に対応させようとしたものでした。ただし､28の相に月の周期を分割するのには苦労したようで、新月、上弦、満月、下弦に特別な意味を持たせ、これに30度の幅を持たせた後は、10度ずつにするという変則的分割法をとっています。

■ **Martin Goldsmith,** ***Moon Phases a Symbolic Key*****,** Whitford Press (1988)

上のバスティード、ウェージンの説と類似した照応体系をさらに展開したのがゴールドスミスです。彼はイェイツの『幻想録』をもとに、先の黄道イメージとの対応を援用しながら、28の月相に対して象徴的なイメージを与えました。また実際の誕生した人物たちを当てはめていったのも印象的です。

～ゴールドスミスの28の月相イメージ～

1：睡蓮の池　2：トリックスター　3：新世界　4：戦士の姫　5：ロマン主義者
6：反逆者　7：農夫　8：女優　9：友人の集い　10：建築者　11：夢の結婚
12：戦士王　13：舞踏家　14：ヴィジョン・クエスト　15：愛されしもの
16：行進　17：召喚者　18：天使　19：賢き蛇　20：許された心
21：包囲された城　22：カーニヴァル　23：未亡人の王妃　24：魔法の領域
25：偉大な教師　26：笛吹男　27：聖人　28：予言者

■ **Raven Kaldera,** ***Moon Phase Astrology*****,** Destiny Books (2011)

北欧シャーマニズムの実践者でもある著者のものですが、内容は純粋な占星術。何と八つのルナーフェイズと12星座（月が入っている星座）をかけ合わせて詳細な96パターンに書き分けています。それぞれに詩的なタイトルをつけているのも魅力的。僕は牡羊座のクレセントムーンの生まれですから「松明をかかげるものの月」だそうです。

月のシンボリズムについて

■ウィリアム・バトラー・イェイツ／島津彬郎訳『幻想録』 ちくま文庫（2001）

アイルランドのノーベル賞詩人、イェイツによる不思議な作品。イェイツ夫人が霊的自動書記によって得たテキストをもとに、月の28の相と人間のパーソナリティーを結びつける深遠な宇宙論が展開されています。ただし、ここでの月の相はあくまでもイメージとして用いられており、実例で挙げられている人々の例も出生時のものとは異なります。難解なものですが、月が喚起する深いイメージの世界の一端を知るためにどうぞ。

■ダイアナ・ブルートン／鏡リュウジ訳『月世界大全』 青土社（1996、2014）

僕が翻訳した月に関する百科です。翻訳当時はとてもよく売れていました。月の科学、神話、伝承、などなどを網羅したカラー版。ぜひお手元にどうぞ。実際に月に赴いた宇宙飛行士の文章も収められています。

■ドナ・ヘネス／鏡リュウジ監修、真喜志順子訳『月の本』 河出書房新社（2004）

こちらも僕が翻訳に関わった本です。月に関しての様々な知識がコンパクトにつめ込まれている本。バッグやベッドサイドに忍ばせてリラックスして読んでいただければ幸いです。

■ジュールズ・キャシュフォード／別宮貞徳監訳 『図説 月の文化史（上）（下）』 柊風社（2010）

現時点で月の文化史について日本語で読める最も網羅的なものの一つがこちら。月に対する人々の思いが、考古学的な資料から文学、神話なども含め、これでもかといわんばかりに渉猟されています。

■松岡正剛『ルナティックス』 中公文庫（2005）

ご存じ、博覧強記の松岡正剛氏による月の博物学、文化史。外国人の著書ではカバーしきれない、日本文化における月のモチーフも分厚く収集されています。日本における月への愛が感じられる1冊。

■メアリー・エスター・ハーディング／樋口和彦、武田憲道訳
『女性の神秘　月の神話と女性原理』 創元社（1985　原著 1971）

ユング派の心理学者による、女性の元型と月に関するシンボリズムの解釈です。少し専門的なものではありますが、月の心理学的意味を深く考えたい人にはぜひ読んでいただきたいもの。

■カール・グスタフ・ユング／池田 紘一訳 『結合の神秘 I ,II』 人文書院（1995、2000）

心理学者ユングの集大成のような本。ユング生前、最後の大著です。月のことだけではなく、錬金術師の心理学的象徴を扱った本ではありますが、ユングが重視した「対立物の一致」というテーマにおいて、太陽と月の結婚が大きく取り上げられています。簡単な本ではありませんが、ユングの著書に本格的に取り組んでみたいという方は挑戦してみては？

ノードとリリスについて

占星術上の月と深く関わるポイントとしてご紹介したノード（ドラゴンヘッド、テイル）とリリス。これらについてもたくさん本がありますが、ここではごく絞り込んでご紹介しましょう。

■ **Laurence Hillman、Donna Spencer,** ***Alignments: How to Live in Harmony with the Universe,*** Lantern Books (2002)

ノードについての解釈の文献は多いですが、これはあの著名な心理学者ジェイムズ・ヒルマン博士の御子息、ローレンス・ヒルマンによるノードについての解釈です。

■ **Barbara Black Koltuv,** ***The Book of Lilith,*** Nicholas-Hays (1986)

占星術書ではありませんが、リリスの神話や伝承などについてのユング派的なアプローチとしてよく知られたもの。

■ **M. Kelley Hunter,** ***Living Lilith,*** The Wessex Astrologer (2009)

占星術の上でのリリス（実はリリスとしてカウントできるものは４種類もあります）についての考察。リリスに関して必読の書となっています。

補足：「ルナーマンション」について

ルネーションとよく間違えられる占いに月の宿（ルナーマンション）の占星術があります。これは黄道を月が１日で進む分を「宿」として星座のように分割したエリアを基準として用います。ルネーションはホロスコープ上での太陽と月の角度関係ですが、ルナーマンションは月の位置のみを見ています。「宿曜占星術」として知られるもので、最近では「オリエンタル占星術」「ルナモンスター」といったネーミングでも広まっています。これはインドと中国で発達したものですが、アラブを経由して西洋でも使用されています。特にルネサンス時代には、それぞれの宿に配当された護符的図像が魔術にも用いられました。以下はそんな魔術的な用い方の資料。

■ **Don Karr,** ***Liber Lunae Book of the Moon,*** Golden Hoard Press (2011)

大英博物館に所蔵されるルネサンス初期のルナーマンションに関する文書の写本とその翻訳を集めた原典資料。深く研究されたい方のために。

■ **Christopher Warnock,** ***The Mansions of the Moon,*** Renaissance Astrology (2010)

ルネサンス時代の占星術の復興者であるワーノックが、中世の魔法書である「ピカトリクス」などからルナーマンションの項目を抽出、その護符的図像をナイジェル・ジャクソンがイラスト化したものとその解説。

【1925年～2042年】

新月表

New Moon

※この表は 28 ページ「ルネーションタイプ」の出し方で使用します。
☆がついている年は、うるう年なので２月29日を計算に入れてください。

1935年	1933年	1931年	1929年	1927年	1925年
1月 5日	1月26日	1月19日	1月11日	1月 4日	1月24日
2月 4日	2月24日	2月17日	2月10日	2月 2日	2月23日
3月 5日	3月26日	3月19日	3月11日	3月 4日	3月24日
4月 3日	4月25日	4月18日	4月10日	4月 2日	4月23日
5月 3日	5月24日	5月18日	5月 9日	5月 1日	5月23日
6月 1日	6月23日	6月16日	6月 7日	5月31日	6月21日
7月 1日	7月23日	7月15日	7月 7日	6月29日	7月21日
7月30日	8月21日	8月14日	8月 5日	7月29日	8月19日
8月29日	9月20日	9月12日	9月 3日	8月27日	9月18日
9月28日	10月19日	10月11日	10月 3日	9月26日	10月18日
10月27日	11月18日	11月10日	11月 1日	10月26日	11月16日
11月26日	12月17日	12月 9日	12月 1日	11月24日	12月16日
12月26日			12月31日	12月24日	

1936年★	1934年	1932年★	1930年	1928年★	1926年
1月24日	1月15日	1月 8日	1月30日	1月23日	1月14日
2月23日	2月14日	2月 6日	2月28日	2月21日	2月13日
3月23日	3月15日	3月 7日	3月30日	3月22日	3月14日
4月21日	4月14日	4月 6日	4月29日	4月20日	4月12日
5月21日	5月13日	5月 6日	5月28日	5月19日	5月12日
6月19日	6月12日	6月 4日	6月26日	6月18日	6月10日
7月19日	7月12日	7月 4日	7月26日	7月17日	7月10日
8月17日	8月10日	8月 2日	8月24日	8月15日	8月 8日
9月16日	9月 9日	9月 1日	9月22日	9月14日	9月 7日
10月15日	10月 9日	9月30日	10月22日	10月14日	10月 7日
11月14日	11月 7日	10月29日	11月20日	11月12日	11月 5日
12月14日	12月 7日	11月28日	12月20日	12月12日	12月 5日
		12月27日			

1947年	1945年	1943年	1941年	1939年	1937年
1月22日	1月14日	1月6日	1月27日	1月20日	1月13日
2月21日	2月13日	2月5日	2月26日	2月19日	2月11日
3月23日	3月14日	3月6日	3月28日	3月21日	3月13日
4月21日	4月12日	4月5日	4月26日	4月20日	4月11日
5月20日	5月12日	5月4日	5月26日	5月19日	5月10日
6月19日	6月10日	6月3日	6月25日	6月17日	6月9日
7月18日	7月9日	7月2日	7月24日	7月17日	7月8日
8月16日	8月8日	8月1日	8月23日	8月15日	8月6日
9月15日	9月6日	8月31日	9月21日	9月13日	9月5日
10月14日	10月6日	9月29日	10月20日	10月13日	10月4日
11月13日	11月5日	10月29日	11月19日	11月11日	11月3日
12月12日	12月5日	11月28日	12月18日	12月11日	12月3日
		12月27日			

1948年★	1946年	1944年★	1942年	1940年★	1938年
1月11日	1月3日	1月26日	1月17日	1月9日	1月2日
2月10日	2月2日	2月24日	2月15日	2月8日	1月31日
3月11日	3月4日	3月24日	3月17日	3月9日	3月2日
4月9日	4月2日	4月23日	4月15日	4月8日	4月1日
5月9日	5月1日	5月22日	5月15日	5月7日	4月30日
6月7日	5月31日	6月21日	6月14日	6月6日	5月29日
7月7日	6月29日	7月20日	7月13日	7月5日	6月28日
8月5日	7月28日	8月19日	8月12日	8月4日	7月27日
9月3日	8月27日	9月17日	9月11日	9月2日	8月25日
10月3日	9月25日	10月17日	10月10日	10月1日	9月24日
11月1日	10月25日	11月16日	11月9日	10月31日	10月23日
12月1日	11月24日	12月15日	12月8日	11月29日	11月22日
12月30日	12月23日			12月29日	12月22日

1959年	1957年	1955年	1953年	1951年	1949年
1月9日	1月1日	1月24日	1月15日	1月8日	1月29日
2月8日	1月31日	2月23日	2月14日	2月6日	2月28日
3月9日	3月2日	3月24日	3月15日	3月8日	3月30日
4月8日	3月31日	4月22日	4月14日	4月6日	4月28日
5月8日	4月30日	5月22日	5月13日	5月6日	5月28日
6月6日	5月29日	6月20日	6月11日	6月5日	6月26日
7月6日	6月28日	7月19日	7月11日	7月4日	7月26日
8月4日	7月27日	8月18日	8月10日	8月3日	8月24日
9月3日	8月25日	9月16日	9月8日	9月1日	9月22日
10月2日	9月24日	10月16日	10月8日	10月1日	10月22日
11月1日	10月23日	11月14日	11月7日	10月30日	11月20日
11月30日	11月22日	12月14日	12月6日	11月29日	12月20日
12月30日	12月21日			12月28日	

1960年★	1958年	1956年★	1954年	1952年★	1950年
1月28日	1月20日	1月13日	1月5日	1月27日	1月18日
2月27日	2月19日	2月12日	2月4日	2月25日	2月17日
3月27日	3月20日	3月12日	3月5日	3月26日	3月19日
4月26日	4月19日	4月11日	4月3日	4月24日	4月17日
5月25日	5月19日	5月10日	5月3日	5月24日	5月17日
6月24日	6月17日	6月9日	6月1日	6月22日	6月16日
7月24日	7月17日	7月8日	6月30日	7月22日	7月15日
8月22日	8月15日	8月6日	7月30日	8月21日	8月14日
9月21日	9月13日	9月5日	8月28日	9月19日	9月12日
10月20日	10月13日	10月4日	9月27日	10月19日	10月11日
11月19日	11月11日	11月3日	10月27日	11月17日	11月10日
12月18日	12月11日	12月2日	11月25日	12月17日	12月9日
			12月25日		

1971年	1969年	1967年	1965年	1963年	1961年
1月27日	1月18日	1月11日	1月3日	1月25日	1月17日
2月25日	2月17日	2月9日	2月2日	2月24日	2月15日
3月27日	3月18日	3月11日	3月3日	3月25日	3月17日
4月25日	4月17日	4月10日	4月2日	4月24日	4月15日
5月24日	5月16日	5月9日	5月1日	5月23日	5月15日
6月23日	6月15日	6月8日	5月31日	6月21日	6月13日
7月22日	7月14日	7月8日	6月29日	7月21日	7月13日
8月21日	8月13日	8月6日	7月28日	8月19日	8月11日
9月19日	9月12日	9月4日	8月27日	9月18日	9月10日
10月19日	10月11日	10月4日	9月25日	10月17日	10月10日
11月18日	11月10日	11月2日	10月24日	11月16日	11月8日
12月18日	12月9日	12月2日	11月23日	12月16日	12月8日
		12月31日	12月23日		

1972年★	1970年	1968年★	1966年	1964年★	1962年
1月16日	1月8日	1月30日	1月22日	1月15日	1月6日
2月15日	2月6日	2月28日	2月20日	2月13日	2月5日
3月15日	3月8日	3月29日	3月22日	3月14日	3月6日
4月14日	4月6日	4月28日	4月21日	4月12日	4月5日
5月13日	5月5日	5月27日	5月20日	5月12日	5月4日
6月11日	6月4日	6月26日	6月19日	6月10日	6月2日
7月11日	7月4日	7月25日	7月18日	7月9日	7月2日
8月9日	8月2日	8月24日	8月16日	8月8日	7月31日
9月8日	9月1日	9月22日	9月15日	9月6日	8月30日
10月7日	9月30日	10月22日	10月14日	10月6日	9月29日
11月6日	10月30日	11月20日	11月12日	11月4日	10月28日
12月6日	11月29日	12月20日	12月12日	12月4日	11月27日
	12月28日				12月27日

1983年	1981年	1979年	1977年	1975年	1973年
1月14日	1月6日	1月28日	1月19日	1月12日	1月5日
2月13日	2月5日	2月27日	2月18日	2月11日	2月3日
3月15日	3月6日	3月28日	3月20日	3月13日	3月5日
4月13日	4月5日	4月26日	4月18日	4月12日	4月3日
5月13日	5月4日	5月26日	5月18日	5月11日	5月3日
6月11日	6月2日	6月24日	6月17日	6月10日	6月1日
7月10日	7月2日	7月24日	7月16日	7月9日	6月30日
8月9日	7月31日	8月23日	8月15日	8月7日	7月30日
9月7日	8月29日	9月21日	9月13日	9月6日	8月28日
10月6日	9月28日	10月21日	10月13日	10月5日	9月26日
11月5日	10月28日	11月20日	11月11日	11月3日	10月26日
12月4日	11月26日	12月19日	12月11日	12月3日	11月25日
	12月26日				12月25日

1984年★	1982年	1980年★	1978年	1976年★	1974年
1月3日	1月25日	1月18日	1月9日	1月1日	1月23日
2月2日	2月24日	2月16日	2月7日	1月31日	2月22日
3月3日	3月25日	3月17日	3月9日	3月1日	3月24日
4月1日	4月24日	4月15日	4月8日	3月31日	4月22日
5月1日	5月23日	5月14日	5月7日	4月29日	5月22日
5月31日	6月21日	6月13日	6月6日	5月29日	6月20日
6月29日	7月21日	7月12日	7月5日	6月27日	7月19日
7月28日	8月19日	8月11日	8月4日	7月27日	8月18日
8月27日	9月17日	9月9日	9月3日	8月25日	9月16日
9月25日	10月17日	10月9日	10月2日	9月24日	10月15日
10月24日	11月16日	11月8日	11月1日	10月23日	11月14日
11月23日	12月15日	12月7日	11月30日	11月22日	12月14日
12月22日			12月30日	12月21日	

1995年	1993年	1991年	1989年	1987年	1985年
1月1日	1月23日	1月16日	1月8日	1月29日	1月21日
1月31日	2月21日	2月15日	2月6日	2月28日	2月20日
3月1日	3月23日	3月16日	3月8日	3月29日	3月21日
3月31日	4月22日	4月15日	4月6日	4月28日	4月20日
4月30日	5月21日	5月14日	5月5日	5月28日	5月20日
5月29日	6月20日	6月12日	6月4日	6月26日	6月18日
6月28日	7月19日	7月12日	7月3日	7月26日	7月18日
7月28日	8月18日	8月10日	8月2日	8月24日	8月16日
8月26日	9月16日	9月8日	8月31日	9月23日	9月15日
9月25日	10月15日	10月8日	9月30日	10月23日	10月14日
10月24日	11月14日	11月6日	10月30日	11月21日	11月12日
11月23日	12月13日	12月6日	11月28日	12月21日	12月12日
12月22日			12月28日		

1996年★	1994年	1992年★	1990年	1988年★	1986年
1月20日	1月12日	1月5日	1月27日	1月19日	1月10日
2月19日	2月10日	2月4日	2月25日	2月18日	2月9日
3月19日	3月12日	3月4日	3月27日	3月18日	3月10日
4月18日	4月11日	4月3日	4月25日	4月16日	4月9日
5月17日	5月11日	5月3日	5月24日	5月16日	5月9日
6月16日	6月9日	6月1日	6月23日	6月14日	6月7日
7月16日	7月9日	6月30日	7月22日	7月14日	7月7日
8月14日	8月7日	7月30日	8月20日	8月12日	8月6日
9月13日	9月6日	8月28日	9月19日	9月11日	9月4日
10月12日	10月5日	9月26日	10月19日	10月11日	10月4日
11月11日	11月3日	10月26日	11月17日	11月9日	11月2日
12月11日	12月3日	11月24日	12月17日	12月9日	12月2日
		12月24日			12月31日

新月表
New Moon

2007年	2005年	2003年	2001年	1999年	1997年
1月19日	1月10日	1月 3日	1月24日	1月18日	1月 9日
2月18日	2月 9日	2月 1日	2月23日	2月16日	2月 8日
3月19日	3月10日	3月 3日	3月25日	3月18日	3月 9日
4月17日	4月 9日	4月 2日	4月24日	4月16日	4月 7日
5月17日	5月 8日	5月 1日	5月23日	5月15日	5月 7日
6月15日	6月 7日	5月31日	6月21日	6月14日	6月 5日
7月14日	7月 6日	6月30日	7月21日	7月13日	7月 5日
8月13日	8月 5日	7月29日	8月19日	8月11日	8月 3日
9月11日	9月 4日	8月28日	9月17日	9月10日	9月 2日
10月11日	10月 3日	9月26日	10月17日	10月 9日	10月 2日
11月10日	11月 2日	10月25日	11月15日	11月 8日	10月31日
12月10日	12月 2日	11月24日	12月15日	12月 8日	11月30日
	12月31日	12月23日			12月30日

2008年★	2006年	2004年★	2002年	2000年★	1998年
1月 8日	1月29日	1月22日	1月13日	1月 7日	1月28日
2月 7日	2月28日	2月20日	2月12日	2月 5日	2月27日
3月 8日	3月29日	3月21日	3月14日	3月 6日	3月28日
4月 6日	4月28日	4月19日	4月13日	4月 5日	4月26日
5月 5日	5月27日	5月19日	5月12日	5月 4日	5月26日
6月 4日	6月26日	6月18日	6月11日	6月 2日	6月24日
7月 3日	7月25日	7月17日	7月10日	7月 2日	7月23日
8月 1日	8月24日	8月16日	8月 9日	7月31日	8月22日
8月31日	9月22日	9月14日	9月 7日	8月29日	9月21日
9月29日	10月22日	10月14日	10月 6日	9月28日	10月20日
10月29日	11月21日	11月12日	11月 5日	10月27日	11月19日
11月28日	12月20日	12月12日	12月 4日	11月26日	12月19日
12月27日				12月26日	

2019年	2017年	2015年	2013年	2011年	2009年
1月6日	1月28日	1月20日	1月12日	1月4日	1月26日
2月5日	2月26日	2月19日	2月10日	2月3日	2月25日
3月7日	3月28日	3月20日	3月12日	3月5日	3月27日
4月5日	4月26日	4月19日	4月10日	4月3日	4月25日
5月5日	5月26日	5月18日	5月10日	5月3日	5月24日
6月3日	6月24日	6月16日	6月9日	6月2日	6月23日
7月3日	7月23日	7月16日	7月8日	7月1日	7月22日
8月1日	8月22日	8月14日	8月7日	7月31日	8月20日
8月30日	9月20日	9月13日	9月5日	8月29日	9月19日
9月29日	10月20日	10月13日	10月5日	9月27日	10月18日
10月28日	11月18日	11月12日	11月3日	10月27日	11月17日
11月27日	12月18日	12月11日	12月3日	11月25日	12月16日
12月26日				12月25日	

2020年★	2018年	2016年★	2014年	2012年★	2010年
1月25日	1月17日	1月10日	1月1日	1月23日	1月15日
2月24日	2月16日	2月8日	1月31日	2月22日	2月14日
3月24日	3月17日	3月9日	3月1日	3月22日	3月16日
4月23日	4月16日	4月7日	3月31日	4月21日	4月14日
5月23日	5月15日	5月7日	4月29日	5月21日	5月14日
6月21日	6月14日	6月5日	5月29日	6月20日	6月12日
7月21日	7月13日	7月4日	6月27日	7月19日	7月12日
8月19日	8月11日	8月3日	7月27日	8月18日	8月10日
9月17日	9月10日	9月1日	8月25日	9月16日	9月8日
10月17日	10月9日	10月1日	9月24日	10月15日	10月8日
11月15日	11月8日	10月31日	10月24日	11月14日	11月6日
12月15日	12月7日	11月29日	11月22日	12月13日	12月6日
		12月29日	12月22日		

新月表

New Moon

2031年	2029年	2027年	2025年	2023年	2021年
1月23日	1月15日	1月 8日	1月29日	1月22日	1月13日
2月22日	2月13日	2月 7日	2月28日	2月20日	2月12日
3月23日	3月15日	3月 8日	3月29日	3月22日	3月13日
4月22日	4月14日	4月 7日	4月28日	4月20日	4月12日
5月21日	5月13日	5月 6日	5月27日	5月20日	5月12日
6月20日	6月12日	6月 5日	6月25日	6月18日	6月10日
7月19日	7月12日	7月 4日	7月25日	7月18日	7月10日
8月18日	8月10日	8月 2日	8月23日	8月16日	8月 8日
9月17日	9月 8日	9月 1日	9月22日	9月15日	9月 7日
10月16日	10月 8日	9月30日	10月21日	10月15日	10月 6日
11月15日	11月 6日	10月29日	11月20日	11月13日	11月 5日
12月14日	12月 5日	11月28日	12月20日	12月13日	12月 4日
		12月28日			

2032年★	2030年	2028年★	2026年	2024年★	2022年
1月13日	1月 4日	1月27日	1月19日	1月11日	1月 3日
2月11日	2月 3日	2月25日	2月17日	2月10日	2月 1日
3月12日	3月 4日	3月26日	3月19日	3月10日	3月 3日
4月10日	4月 3日	4月25日	4月17日	4月 9日	4月 1日
5月 9日	5月 2日	5月24日	5月17日	5月 8日	5月 1日
6月 8日	6月 1日	6月23日	6月15日	6月 6日	5月30日
7月 7日	7月 1日	7月22日	7月14日	7月 6日	6月29日
8月 6日	7月30日	8月20日	8月13日	8月 4日	7月29日
9月 5日	8月29日	9月19日	9月11日	9月 3日	8月27日
10月 4日	9月27日	10月18日	10月11日	10月 3日	9月26日
11月 3日	10月27日	11月16日	11月 9日	11月 1日	10月25日
12月 3日	11月25日	12月16日	12月 9日	12月 1日	11月24日
	12月25日			12月31日	12月23日

2041年	2039年	2037年	2035年	2033年
1月 3日	1月24日	1月16日	1月10日	1月 1日
2月 1日	2月23日	2月15日	2月 8日	1月31日
3月 3日	3月25日	3月17日	3月10日	3月 1日
4月 1日	4月23日	4月16日	4月 8日	3月31日
4月30日	5月23日	5月15日	5月 8日	4月29日
5月30日	6月22日	6月14日	6月 6日	5月28日
6月28日	7月21日	7月13日	7月 5日	6月27日
7月28日	8月20日	8月11日	8月 4日	7月26日
8月27日	9月18日	9月10日	9月 2日	8月25日
9月25日	10月18日	10月 9日	10月 1日	9月23日
10月25日	11月16日	11月 7日	10月31日	10月23日
11月24日	12月16日	12月 7日	11月30日	11月22日
12月23日			12月29日	12月22日

2042年	2040年★	2038年	2036年★	2034年
1月22日	1月14日	1月 5日	1月28日	1月20日
2月20日	2月12日	2月 4日	2月27日	2月19日
3月22日	3月13日	3月 6日	3月28日	3月20日
4月20日	4月11日	4月 5日	4月26日	4月19日
5月19日	5月11日	5月 4日	5月26日	5月18日
6月18日	6月10日	6月 3日	6月24日	6月16日
7月17日	7月 9日	7月 2日	7月23日	7月16日
8月16日	8月 8日	8月 1日	8月22日	8月14日
9月14日	9月 7日	8月30日	9月20日	9月13日
10月14日	10月 6日	9月29日	10月19日	10月12日
11月13日	11月 5日	10月28日	11月18日	11月11日
12月12日	12月 4日	11月26日	12月18日	12月11日
		12月26日		

【月齢サイクル図】

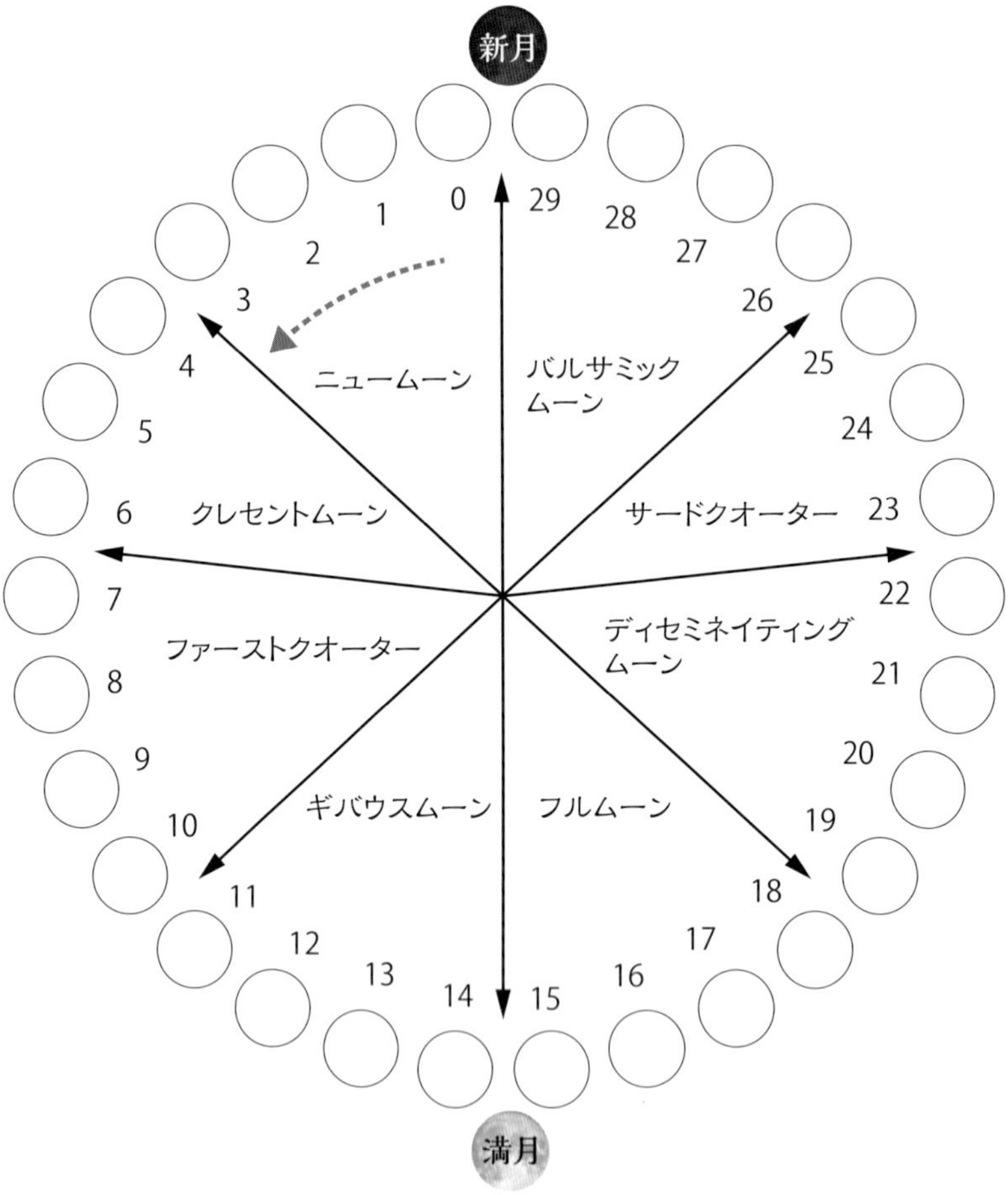

わたしのルネーションナンバーは

わたしのルネーションタイプは

【プログレス・ルネーション】

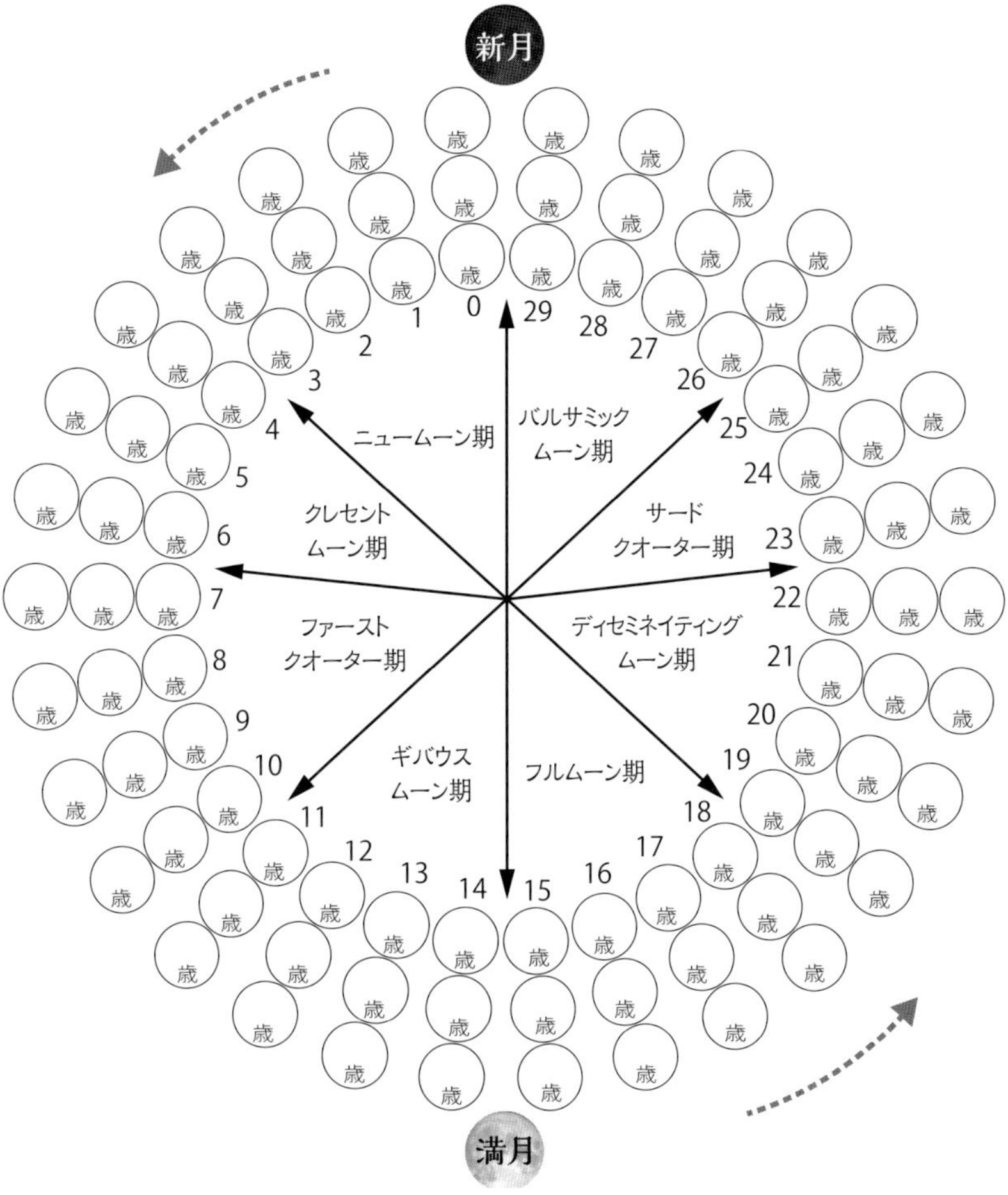

わたしは今 [　　　　　　期] を生きています。

次のフェイズに移るのは [　　　　年後] です。

※コピーしてご使用ください。

おわりに

いかがだったでしょうか。

月の占星術の世界の豊かさと、不思議さを味わっていただくことができましたでしょうか。

宗教学者のミルチャ・エリアーデは、月の時間を「生きている時間」だと表現しました。太陽単体のような、直線的でフラットな時間の感覚はこの世界を合理的に、そして機能的に生きるために必要です。日本の列車システムは驚くべき正確さで時刻表通りに動いていますが、まさにこうしたことが日本の社会の秩序を支えていると言えるでしょう。

でも、例えば恋人や家族との時間は、このようにリジッドで数字の上での正確さを持つものではないでしょう。喜びや悲しみに満ちた時、あるいは平穏に過ぎる時などなど、そこには濃淡があるのです。そのような、人が魂や心も込めて「生きている」と感じられる時間こそ、満ちたり欠けたり、リズムを作り上げる月のサイクルに象徴されているというのです。

人生の深い体験と宇宙の共振関係を味わっていこうという占星術という営みは、すべからくこの「生きている時間」を描き出そうとしています。その意味で、まず月を中心においたこの本は、あなたに占星術の楽しさのエッセンスをお伝えすることができるのではないかと思います。
占いという一見、時代遅れで迷信的な営みの背後には、こんな生命の実感により近い時間の感覚がよこたわっていると僕は信じています。

本書は、説話社の皆さんの勧めと全面的なご協力によって発刊にこぎつけることができました。特に編集、ライティングなど面倒な作業をすべてやっていただいた山田奈緒子さんがおられなければ、この本はできなかったでしょう。心から感謝したいと思います。
また、この本を手に取ってくださった皆さま、そして、この本の出版に導いてくれたであろう、空にかかる月そのものに対しても感謝を捧げたいと思います。

あなたに大きな月の祝福がありますように。

鏡リュウジ

出典

「第1章　月と人間」は『ミスティ』（実業之日本社）２００３年９月号掲載「鏡リュウジの月の魔法」を大幅に加筆・修正したものです。

参考文献

『ルネーション占星術』（鏡リュウジ、小泉茉莉花共著　大陸書房　１９９２年）
『鏡リュウジの月が導く魔法の法則』（鏡リュウジ著　主婦の友社　２００６年）
『鏡リュウジ 星のワークブック』（鏡リュウジ著　講談社　２００６年）
『鏡リュウジのプラネット・セラピー』（鏡リュウジ著　マガジンハウス　２００６年）
『月占い』（鏡リュウジ著　武田ランダムハウスジャパン　２０１１年）
『月世界大全』（ダイアナ・ブルートン著　鏡リュウジ訳、青土社　１９９６、２０１４年）
『月の本』（ドナ・ヘネス著、鏡リュウジ監修　河出書房新社　２００４年）
『月の大事典』（テレサ・ムーリー著、岡本翔子監訳　ソニー・マガジンズ　２００５年）
『世界女神大事典』（松村一男、沖田瑞穂、森雅子編　原書房　２０１５年）

著者紹介

鏡リュウジ（かがみ・りゅうじ）

翻訳家、心理占星術研究家。1968年京都府生まれ。国際基督教大学大学院修了。英国占星術協会会員。著書に『鏡リュウジの占い大事典』（説話社）、訳書に『ユングと占星術』（青土社）など多数。

鏡リュウジの占い入門4

鏡《かがみ》リュウジのルネーション占星術《せんせいじゅつ》

発行日　2016年8月18日　初版発行

著　者　鏡リュウジ
発行者　酒井文人
発行所　株式会社説話社
〒169-8077 東京都新宿区西早稲田1-1-6
電話／03-3204-8288（販売）03-3204-5185（編集）
振替口座／00160-8-69378
URL http://www.setsuwasha.com/

デザイン　染谷千秋
印刷・製本　株式会社平河工業社

ISBN 978-4-906828-25-8　C 2011